1. 辽宁省 2021 年度科学研究经费项目(面上项目),项目编号:LJKR0690,项目名称:习近平关于乡村人才培养论述研究,立项单位:辽宁省教育厅

2. 大连市社科联 2022 年度重点课题,项目编号:2022dlskzd123,项目名称:乡村振兴视域下第一书记与大连市农村基层党建高质量发展研究,立项单位:大连市社科联

乡村振兴背景下的农村职业教育研究

刘艳婷　　韩丹丹　　著

吉林出版集团股份有限公司

全国百佳图书出版单位

图书在版编目（CIP）数据

乡村振兴背景下的农村职业教育研究 / 刘艳婷，韩
丹丹著. -- 长春：吉林出版集团股份有限公司，
2022.10

ISBN 978-7-5731-2271-1

Ⅰ.①乡… Ⅱ.①刘…②韩… Ⅲ.①乡村教育－职
业教育－研究－中国 Ⅳ.①G725

中国版本图书馆CIP数据核字（2022）第173445号

XIANGCUN ZHENXING BEIJING XIA DE NONGCUN ZHIYE JIAOYU YANJIU

乡村振兴背景下的农村职业教育研究

著　　者　刘艳婷　韩丹丹
责任编辑　杨　爽
装帧设计　马静静

出　　版　吉林出版集团股份有限公司
发　　行　吉林出版集团社科图书有限公司
地　　址　吉林省长春市南关区福祉大路5788号　邮编：130118
印　　刷　北京亚吉飞数码科技有限公司
电　　话　0431-81629711（总编办）
抖 音 号　吉林出版集团社科图书有限公司 37009026326

开　　本　710 mm×1000 mm　1 / 16
印　　张　10.75
字　　数　181千
版　　次　2023年6月第1版
印　　次　2023年6月第1次印刷

书　　号　ISBN 978-7-5731-2271-1
定　　价　86.00元

如有印装质量问题，请与市场营销中心联系调换。0431-81629729

前　言

党的十九大报告中提出，新时代我国社会主要矛盾是人民日益增长的美好生活需要和不平衡、不充分的发展之间的矛盾。这一矛盾在我国广大农村地区表现得尤为明显，农民对于美好生活有着强烈的期望。为了有效解决新时代我国社会的主要矛盾，党的十九大报告推出了实施乡村振兴战略，并将其提升到战略高度、写入党章。这是党中央着眼于全面建成小康社会、全面建设社会主义现代化国家做出的重大战略决策，是提升亿万农民获得幸福感、加快农业农村现代化和实现中华民族伟大复兴的必然要求。乡村振兴战略的积极推进，必将对有效解决我国长期以来存在的农村社会发展不充分以及城乡发展不平衡的问题，促进城乡融合发展，提升农民生活品质，具有重大而深远的意义。

在我国，加快推进农业农村现代化，走中国特色社会主义乡村振兴道路，让农民成为有吸引力的职业，让农业成为有奔头的产业，让农村成为安居乐业的美丽家园，关键是引导贫困人口从传统农民向新型职业农民转变。要完成这一转变，关键在教育。根据我国现阶段农村的现实状态，大批量的新型职业农民还需要通过农村职业教育来培养，在未来相当长的时间内，农村职业教育将是培养乡村振兴人才的重要渠道。

农村职业教育的培养目标、功能定位、专业设置以及人才培养质量等诸多方面能否与农村经济社会发展保持较高的吻合度，能否适应社会的发展需求，这些问题需要人们在实践中积极探索，更需要理论方面的探讨。目前，我国的农村职业教育在理论上还不够成熟和完善，在实践上也是刚刚起步，农村职业教育是我国职业教育中较薄弱的环节。鉴于此，特策划了本书。

本书共包括五章内容：第一章为绪论，分别从农村职业教育概述和乡村振兴背景下职业教育发展机会两方面进行了论述；第二章对我国农村职业教育的发展历程与趋势进行了研究；第三章探讨了乡村振兴背景下农村职业教育的困境、成因与对策；第四章对乡村振兴背景下农村职业教育的定位与模式进行了论述；第五章对乡村振兴背景下农村职业教育的路径选择进行了研究。总体来说，本书结构清晰明了，理论明确系统，具有全面性、实用性等特点。

本书在撰写过程中参阅了许多有关农村职业教育方面的著作，同时也引用了许多专家和学者的研究成果，在此表示最诚挚的谢意！由于时间仓促，作者水平有限，错误和不当之处在所难免，恳请广大读者在使用中多提宝贵意见，以便本书的修改与完善。

作　者
2022 年 4 月

目　录

第一章

绪 论

第一节　农村职业教育概述

一、农村职业教育的概念

农村职业教育的概念可以分为广义和狭义两种。

（一）广义的农村职业教育

广义的农村职业教育从教育形式上来说,包括正式的职业教育,也包括一些非正式的职业教育。

1. 正式的职业教育

正式的职业教育主要指培养目标明确,采用现代教育组织方式组织教学的教育形式。

2. 非正式的职业教育

非正式的职业教育活动主要指在日常工作或生活中获得职业知识或技能的具有教育性质的活动,或师带徒、父带子形式的教育活动。

（二）狭义的农村职业教育

狭义的农村职业教育是指在一定的文化教育基础上,对农村广大就业及预备就业人员进行的包括农村一、二、三产业从业所需的专业知识和技能的教育。

在社会主义初级阶段,大力发展农村职业教育,对于促进农村社会进步、经济发展,加强农村教育与经济的密切结合具有极其重要的意义。

由于广义的农村职业教育具有复杂性和不确定性,因此本书侧重阐述狭义的农村职业教育。

二、农村职业教育的特点

概括来说,农村职业教育的特点主要包括以下几方面,如图1-1所示:

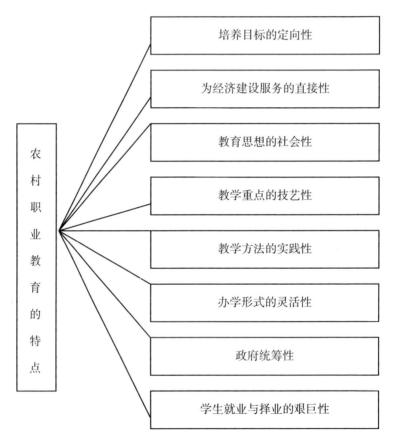

图1-1　农村职业教育的特点

(一)培养目标的定向性

普通教育,特别是基础教育,其目的是培养学生掌握相应的文化科学知识,为未来的发展打下必要的思想道德和文化基础。而职业教育则是一种定向塑造的教育,它要通过职业教育的培训,使学生获得从事某一职业的道德修养和职业技能。这种培养目标的定向性,就要求职业教育必须明确专业方向,确定专业设置,并按照岗位或职业群要求精心设计课程体系。

（二）为经济建设服务的直接性

任何一种教育都直接或间接为经济发展服务,但职业教育与经济发展,特别是地区经济发展的关系比其他类型的教育更加紧密,这主要表现在以下几个方面:

第一,职业教育的主要目的就是为经济的发展提供大量的专业人才。

第二,凭借着自身的优势,职业教育可以直接参与当地的技术推广等工作,从而为当地的经济发展服务。

第三,职业教育的发展水平、发展规模、发展形式受地区经济的发展水平所制约,这不仅因为良好的经济状况可以为职业教育提供必要的资金和良好的办学条件,而且可以为职业学校的毕业生提供广泛的就业岗位和发挥才能的机会。

（三）教育思想的社会性

教育思想的社会性主要表现在以下几个方面:

第一,职业教育的发展战略、发展计划、人才的专业结构和数量需求都必须依据社会经济的发展战略、发展计划和产业结构来制定。

第二,职业教育特别是农村职业教育,应该融于当地社会生产,成为当地科技进步、社会发展的一支推动力量。

第三,职业教育人才的培养虽然以教育部门为主,但又需要社会诸多部门的紧密配合,在教育内部需要"三教结合",在教育外部需要"农科教""经科教"结合,在办学条件和学生去向上又需要得到社会相关部门的配合和紧密协作。

第四,从学生的培养途径看也需要社会多方面的参与和帮助。

第五,职业教育的毕业生最终要走向社会,只有符合人才市场的需求并且得到社会的认可,才能打开社会接纳学生的通道,职业教育才能发挥其社会效益。

(四)教学重点的技艺性

职业教育是培养人们从事某一职业必备的知识和技能的教育,所以教学重点具有技艺性的特点。对于专业理论,应强调其有效性,尽量避免学术性的推导和论证,而应该主要为职业技能的培养提供必要的理论基础。这就启示我们:职业教育必须处理好理论教学和实践教学的关系,明确规定各专业必备的职业技能,合理构建理论教学与实践教学紧密结合但又并行不悖的教学体系,改变传统实践教学相对于理论教学的附庸地位,保证实践教学效率。只有如此,才能使学生掌握特定专业领域内娴熟的职业技能。

(五)教学方法的实践性

由于职业教育具有重应用、重技能的特点,在教学手段和教学方法上必须重实际、重实践,多采用现场教学、参观实习、实践演练等教学方法。否则耗时多而效益差,学生也难以通过感性的认识建立理性的概念。

(六)办学形式的灵活性

基础教育虽然也有"六三制""五四制"等不同模式,但就总体而言,办学形式还是相对固定、统一的。而职业教育的办学形式具有灵活性。以农业职业教育为例,发达地区的农业发展已处于一个较高的水平,要取得更高的产量和效益,就需要更先进的科学技术,要培养适应这种较高水平需求的劳动者,就需要正规的中等乃至高等职业教育;而对于经济不发达地区,农业基础条件较差,技术水平和管理水平较低,需要普及初级农业科学技术,这样就可以开办初等职业教育或者短期职业培训。当然,这是就职业教育总体而言的,而职业教育中的正规学历教育,如高职、中专、中技、职业高中、职业初中,则应该有相对固定的学制,以保证其毕业生具有基本的文化素质、技能水平和自我发展能力。

（七）政府统筹性

政府统筹是农村职业教育发展的一条重要经验。虽然农村一、二、三产业并存，也由多产业、多行业、多部门构成，但各产业规模小、实力弱，正处于发展阶段，尤其是第一产业社会效益高、经济效益低，因此必须由政府统筹。为了使各行业、部门以及各产业实现协调发展，许多地区或职业学校成立各部门领导组成的专门委员会，共同规划职业教育发展蓝图，这种统筹形式是城市职业教育所不具备的。

（八）学生就业和择业的艰巨性

由于农村存在大量的待转移的农业剩余劳动力，二、三产业不发达，小城镇建设水平低，农村面临的就业压力更显艰巨，同时，也要看到农村二、三产业正处于大发展阶段，农村工业化和城市化水平正处于加速发展阶段。这就要求农村职业学校加强对学生进行就业和创业教育，使职业学校学生在产业结构、经济结构的大变革中发挥更大的作用。同时，为了促进就业还必须为学生创造在实现农村现代化和发展社会主义市场经济中充分发挥作用的条件，解决创业中遇到的难题。

三、农村职业教育的作用

农村职业教育具有重要的作用，概括来说主要包括以下几个方面，如图 1-2 所示。

（一）培养手脑并用的农村建设者

农村初等职业教育，应立足于为当地农村经济发展服务，应该以传授一些有利于农村发展致富的技术为目标，通过农村职业教育培养出来的毕业生要既有动手的能力，也要有动脑的能力，全面发展的人才才是乡村振兴所需要的人才。

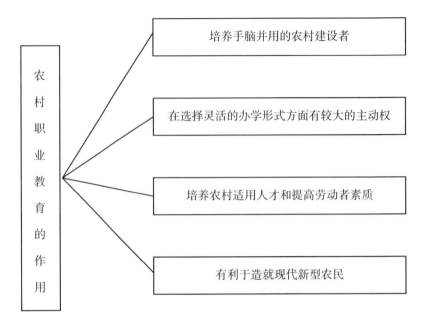

图 1-2　农村职业教育的作用

（二）在选择灵活的办学形式方面有较大的主动权

我国目前的大学受到"规范化"或"标准化"模式的制约，在办学模式和专业设置方面缺少灵活性，虽然有时认识到了自身存在的问题，但在修正方面行动非常迟缓，问题迟迟得不到解决。而农村职业教育则不同，它是一种比较注重实用性的教育，其目的就是为了培养适合乡村振兴需要的合格技术性人才，所以其办学形式具有较大的灵活性，按需进行专业设置的主动权也比较大，能够快速地从实际出发，培养出社会所需要的人才。

（三）培养农村适用人才和提高劳动者素质

农村职业教育为全面提高农村劳动者素质，逐级分流，人人成才，提供了较公平合理的条件。当前，我国农村各地经济发展的领头人、专业户、乡镇企业家等绝大部分都受过一定程度的教育，又掌握了一定的生产技能和经营管理知识，已成为我国农村实现现代化的希望所在。

（四）有利于造就现代新型农民

现代新型农民应具备以下基本素质：

第一，具有热爱农村、建设农村、美化农村的主体意识。

第二，具有较高的基础科学文化素质和职业技能，具有较强的知识更新以及职业岗位的转换能力。

第三，具有现代民主政治意识，能摆脱封建迷信观念的束缚。

第四，具有现代开放意识和市场观念。

第五，具有较高的审美情趣与能力，重视智力投资。

四、农村职业教育的机遇

农村职业教育的机遇概括来说主要包括以下几个方面，如图1-3所示：

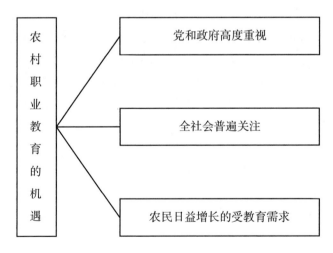

图1-3 农村职业教育的机遇

（一）党和政府高度重视

目前，党和政府对农村职业教育的相关问题给予了高度重视，把提高农民的整体素质水平作为统筹城乡发展和实施科教兴国的重要方面。

《国务院关于进一步加强农村教育工作的决定》《国务院关于大力推进职业教育改革与发展的决定》等许多文件中都对农村职业教育的相关问题做了重要部署。

（二）全社会普遍关注

由于目前党和政府高度重视农村职业教育的相关问题，这也就使得农村职业教育问题得到了全社会的普遍关注。大力开展对农民的相关培训，培养新型农民，提高农民整体的综合素质已经成为大势所趋，这就给农村职业教育的发展带来了机遇。

（三）农民日益增长的受教育需求

建设新农村，生产发展是核心、是前提，而生产发展需要新知识和新技术的广泛应用。特别是经过多年的农业经济改革，农业经济依靠传统经验、技术而进一步发展的可能性已经极小。农业规模经营、特色经营，特别是发展可循环经济需要有文化、懂技术、会经营的新型农民，农民自身有着更为迫切的接受职业教育与培训的新渴望与新要求。大批不能升入高中阶段继续学习的初中毕业生，更加迫切地需要接受不同程度的职业培训。[1] 所以说，农民日益增长的教育需求也为新时期农村职业教育的发展带来了机遇。

五、农村职业教育的理论基础

农村职业教育的理论基础主要有以下几个，如图 1–4 所示：

---

[1] 刘文菁，王明舜.中国农村教育与经济协调发展问题研究 [M].青岛：中国海洋大学出版社，2009.

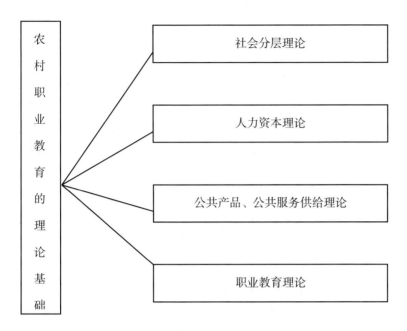

图 1-4　农村职业教育的理论基础

（一）社会分层理论

由于划分社会阶层所依据的标准难以统一,到目前为止,仍然没有出现让人满意的划分社会阶层的学说。各种有关社会分层的研究,习惯从各自研究目的出发来界定人与人之间的差异。

1. 三重标准说

德国社会学家韦伯（Max Weber）最早提出社会分层理论,他认为社会层次结构具有权力对应政治标准、威望对应社会标准和财富对应经济标准三重标准。之后,人们根据不同的研究目的,在韦伯研究的基础上,开始不固守某一特定指标,而采用多种指标研究社会分层。社会学家与人类学家承认,在社会分层中,不论是以经济收入和社会地位作为分层的标准,还是以政治作为分层的标准,受教育程度始终是社会分层的一个重要指标。

2.多重标准说

20世纪40年代,美国社会学家W.L.沃特等人把下、中、上三个阶级各分两层,于是得出六个层次,如表1-2所示:

表1-2 W.L.沃特等人的社会分层

六个层次	具体阐述
下下层	下下层主要包括无固定收入者、失业者以及只能从事非熟练劳动的劳动者
上下层	上下层主要包括体力劳动者,他们的收入其实并不比上中层及下中层的人少
下中层	下中层主要包括一些小店员和神职人员等
上中层	上中层主要是由一些成功的企业家和专业技术人员组成
下上层	他们的财产并不比上上层少,可他们没有上流社会的生活方式
上上层	这些人世代为富有者,他们不但拥有大量的物质财富,而且过着上流社会特有的生活方式

3.阶级体系说

马克思从社会生产关系的视角出发提出了阶级体系分层理论,在该理论中他认为,社会逐渐划分为资产阶级和无产阶级两大阶级,确立资产阶级或无产阶级的首要基础和依据是产权。西方社会学家提出了一些类似的观点,正是受马克思阶级体系学说的影响,例如以下观点:

(1)米尔斯的阶级模式。米尔斯认为工人可以分为蓝领和白领两个阶级。蓝领主要指非熟练的体力劳动者。白领不仅包括管理者阶层,还包括从事脑力劳动的技术熟练工人。在现代资本主义社会的阶级出现了一个庞大的中间阶级,即所谓的管理者阶层,其结构呈现出一种多元化的趋势。由于生产关系的变革,生产力的发展,在社会主义社会中,阶级结构发生了重大的变化,有的社会主义国家出现知识分子、农民阶级和工人阶级一体化及融合趋势,这种趋势与教育的普及有着很大关系。

(2)林德的两个阶级模式。林德的两个阶级模式分为工人阶级与企业家阶级,企业家阶级通常包括工商管理者以及专家,其他人归为工人阶级。

（3）三个阶级理论。三个阶级理论即把人归并为下等阶级、中等阶级、上等阶级三个阶级。

4.续谱排列说

美国社会学家帕森斯主张将职业作为社会分层的标准。他认为，职业是社会最重要的分层标准，因为职业在一定程度上决定了财富和声望等指标。社会对个人成就的认定与酬赏可通过职业等级看出，帕森斯根据人们在声望、工资收入、职业分工等方面的细小差别，把社会成员划分成连续排列的多个小层，称为续谱。

（二）人力资本理论

1.人力资本理论产生的背景

（1）理论背景。人力资本理论尽管源于西方传统经济理论，但是它的产生却是基于对新古典理论缺陷的反思。第二次世界大战后，索洛在分析西方国家经济增长原因时，发现单从资本和劳动投入两方面很难完美地解释经济增长的全部，他认为还存在一个无法解释的"余值"。这个无法解释的"余值"被舒尔茨称为"经济增长之谜"，它包括传统理论无法解释的三个事实。

第一，第二次世界大战后工人的实际工资大幅增长，但工资的"增量"部分到底源自何处，类似的问题还有，第二次世界大战之后，德、日两国的复兴速度超过经济学家最初的设想。以日本为例，在短短30年的时间里完成了英、美花费了上百年时间才完成的工业化进程，这些现实都难以用传统理论做出合理的解释。

第二，根据传统理论，国民收入与资源消耗是同步增长的，但实证研究表明，国民收入远远大于投入的土地、物质资本和劳动力等资源总量，舒尔茨认为，这个差额一部分来自规模收益，另一部分则可以用人力资本作用来解释。

第三，根据传统理论，资本—收入比率是随经济增长而提高的，但实证研究表明这个比率却在不断下降。舒尔茨认为,有关资本—收入比率的估计只包括了全部资本的一部分,因为人力资本被排除在外了,而且它在按照比生产性(非人力)资本高得多的速度不断增长着。按传统理论的逻辑,一个国家积累的再生产性资本比其土地和劳动更多,如果这类资本越来越多且更加便宜,那么这个国家就会更加深度地利用这类资本。但是,实际情况表明,这类资本与收入相对而言使用得越来越少了。在这样的背景下,舒尔茨提出了人力资本理论,在解释"经济增长之谜"的同时,也解决了新古典经济学在现实中所面临的一些理论难题。人力资本理论在某种程度上得到了一部分人的认同,而且美国20世纪初期到中期有关农业发展的研究结果又似乎使他的理论获得了有力的实证支持,因为新古典增长理论曾将其归于技术进步,但是始终难以使人信服。从此,人力资本理论逐渐为人们所接受。

(2)社会经济背景。第二次世界大战后,人的因素在生产活动中的地位和作用发生了很大变化,知识经济模式替代了传统的工业经济模式。人力资本理论的产生与发展,与这种深刻的社会经济变革有密切关联。舒尔茨认为,人力资本产生的根本原因是人的经济价值的上升。国民的知识和技术水平,越来越成为国家经济发展最重要的决定因素。在新的经济背景下,有人甚至把计算机领域这种革新看作是继公路、运河和铁路的修建之后的又一次市场扩张。

2.人力资本的实质

舒尔茨认为,人力资本是投资的结果,其投资有中小学教育和高等教育、卫生保健、在职培训、人员迁移及经济信息几种形式。

通过对形成理论与西方人力资本投资的分析可以发现,所谓的人力资本投资的对象难以像物质资本一样直接成为"资本",人力资本"投资"根本不具有投资的特征,人力资本投资在本质上更合乎人力资源开发的内涵规定。

根据不同观点,可以把人力资源开发的本质内涵概括为:人力资源开发是借助于培训与教育等形式,通过一定的费用支出,挖掘人的潜能、提高人的素质的过程。人力资源开发的途径,是教育、培训等;人力资源开发的对象,是人的知识、技能、体力、智力等;人力资源开发的最终目的,是提高人的素质、挖掘人的潜能。

从人力资源开发的内涵可以看出,人力资本理论中的人力资本形成过程与投资,实质上就是人力资源开发的过程,只是二者的不同之处在于,前者强调过程或活动结果的使用价值,是人的能力或素质的提高,其能否体现为价值或在多大程度上其价值得到实现需要经过市场的检验才能确定,而后者强调过程或活动的结果是价值,是人力资本存量的增加。因此可以说,人力资源形成理论本身存在难以克服的缺陷,人力资源开发在理论上则显得严谨和具有科学性。

(三)公共产品、公共服务供给理论

1. 公共产品的含义

所谓公共产品,就是无法排除未购买者使用它或享受其收益,并且由许多消费者分享其收益的特殊产品。

财政学家林达 1919 年在他的博士论文《公平税收》中最早提出"公共产品"这个概念的。在他看来,公共产品是国家对其人民的一般供应与给付,个人或其他组织并不是没有支付费用,只是支付的方式是赋税。在此基础上,他建立了林达尔均衡模型,通过这个模型可以分析出两个在政治上完全平等的消费者一起决定公共产品的供应及其税后份额分担的问题。他的均衡模型试图解释的问题是:不是每一个消费者面对一个相同的或公共的价格,而是所有消费者拥有一个公共的数量;不是全部消费者对产品进行按比例分配,而是对产品的总成本进行消费者之间的分摊,从而使所有消费者承担的价格与每个消费者对其真实价格的评价一致,从而使得所有单个消费者愿意支付的价格总额与生产公共产品的总成本相等。在每个消费者对该产品的真实价格进行评价之后,再根据不同的评价价格收取不同的费用。消费者评价低,收取的费用就低;反之,消费者评价较高,收取的费用也就较高。①

保罗·萨缪尔森(Paul A. Samuelson)1954 年 11 月在《经济学与统计学评论》上发表的《公共支出的纯理论》一文中,正式使用"公共产

---

① 柳劲松.回顾与展望:中国农村职业教育研究态势与实践探索 [M].广州:世界图书出版广东有限公司,2011.

品"这一概念,此后,公共产品逐渐被人们所了解和关注。萨缪尔森还对私人产品和公共产品的本质区别进行了细致分析,他为"公共产品"下了一个更加严格的定义:该产品一定是由组织中每一个成员均等消费的商品,假如组织中的任意一个成员可以得到一个单位产品,那么这个组织中的所有成员也一定可以得到一个单位产品。他还指出,公共产品一定是组织进行消费的产物,既无法被分割,也不能进行私人定价。当然,这个更加严格的定义有一个不能被忽视的前提:所有人对公共产品的使用或分享享有均等权。在该前提下,假如公共产品能均等地供应给每个人,那么就会出现公共产品的需求与供给相对称,此时的价格和产量都处于均衡状态。在此基础上,他建立了萨缪尔森模型来分析和判断最佳的公共产品供应状态。萨缪尔森有关公共产品的定义,当时在社会上引起了很大的混乱,因为当时除了国防产品外,竞争性几乎是所有公共产品都具有的性质,使用者的不断增加,拥挤争抢的局面必然会出现,也就不存在非竞争性了。因此,我国经济学家张五常认为,"公共产品"既不是"共用品",也不是"公共财产",公共产品唯一的特征就是:边际费用 =0。其实,从本质上来看,张五常的解释和说明与萨缪尔森的定义并没有太大区别,只不过张五常是从生产或供给的角度强调私人供给公共产品的不可能性,而萨缪尔森是从消费的角度说明和强调纯公共产品的不可分性。两者虽然分析角度不同,但结论却是一样的,也就是政府是公共产品的提供者。此后,萨缪尔森在其所著的《经济学》一书中,对私人产品和公共产品的属性进一步进行区分,他将私人产品清楚地定义为:私人产品意味的是某个人对它的消费就会阻止其他人对它的消费,这也就意味着某个人可以排除其他人吃面包的权利;公共产品意味的是对其消费是非排他的及非对抗的。萨缪尔森他还试图把私人产品、公共产品与市场产品、集体产品大致上对应起来。萨缪尔森还注意到并不是所有的产品都能归结为私人产品和纯公共产品,有许多不同的产品具有不同的市场程度和公共程度。他把基础科学研究、防疫、警察、空间研究和国防归为纯公共产品,把电影、面包、住房和旅行等产品归为私人产品,而水利设施、医疗卫生、道路和教育等是介于私人产品和纯公共产品之间的产品。[1]

---

[1] 柳劲松.回顾与展望:中国农村职业教育研究态势与实践探索[M].广州:世界图书出版广东有限公司,2011.

2. 公共产品和公共服务的特性

通常情况下,国家通过政治程序实现公共产品和公共服务的供给,其产量不是通过市场来决定的。政府提供公共产品和服务,意味着这些服务和产品与用于市场上出售的产品不同,它们是所有人都可以使用和享用的,而生产公共产品和公共服务的成本的来源就是税收。一般来说,与私人产品相比,公共产品和公共服务具有效用的不可分性,指的是公共产品具有联合消费或共同受益的特点,其效用在为整个社会的所有成员所共享的同时,并不能将其分制成为若干小部分而被某些厂商或个人单独享用。

（四）职业教育理论

1. 职业教育学的学科归属

目前,我国职业教育存在一个不争的事实,即职业教育作为我国教育事业的一部分,缺乏吸引力和发展动力,成为我国整个教育体系发展中的一个显眼的"短板"。但是,不可否认的是,职业教育为我国经济社会发展、促进充分就业、调整和优化教育结构也做出了不可磨灭的贡献。大力发展职业教育,不仅需要国家意志和基本国策、基本法律提供发展保障,而且需要全体公民提高认识并转化为自觉行动。只有正确地探索和研究出职业教育学学科的本质内涵和身份归属,才能为职业教育的理论研究提供坚实可靠的支撑。[1]

（1）职业教育与职业教育学。职业教育有较为漫长的发展经历,而职业教育学的形成和发展则较为短暂。职业教育作为人类生产活动与生活的组成部分,是伴随着人类劳动出现而产生的,而作为一种社会现象,它是伴随着人类社会的出现而出现的。如果这种经验与技能的代际传递可以称为早期的教育活动,那这种教育活动必然首先具有职业性的

---

[1]　柳劲松. 回顾与展望：中国农村职业教育研究态势与实践探索 [M]. 广州：世界图书出版广东有限公司，2011.

特征,这种"职业性教育"(自然形态的教育)与生产劳动有着密不可分的关系。与早期"职业性教育"不同的是,现代职业教育不仅传授与学生将来生存和发展紧密相关的技术技能、知识、态度、职业意识以及职业道德,更是一种有目的、有组织、有计划和有固定场所的教育活动。因此,也可以将其称为"制度性教育"。具体而言,可将职业教育形态发展的历史轨迹概括性地描述为:早期自然形态的职业教育—学徒制职业教育—制度性职业教育。通常情况下,可以从狭义和广义两个方面对职业教育的结构嬗变和相关概念进行诠释。广义的职业教育,主要是指职业教育、技术教育与培训三方面的范畴。狭义的职业教育,主要包括三个方面的内容:

第一,职业教育的内容,主要是与学生将来生存和发展紧密相关的技术技能、知识、态度、职业意识以及职业道德。

第二,职业教育的任务,是培养社会需要的初级或中级技术、管理人才。

第三,职业教育是按照教育事业内部的结构与分工进行划分的,是整个现代教育制度的一个重要有机构成部分。

如果说教育学在20世纪初从哲学体系中分离出来并作为独立学科发挥其作用,那么校企合作和工业革命则共同催生了职业教育,而职业教育学是产生于职业学校教育的一门学科。

职业教育学的概念,最初是伴随着职业学校的兴起和发展而出现的,并不断变化、延伸与拓展,舍尔腾在《职业教育学导论》一书中对其进行了细致阐述:教育的任务,是为了使受教育者的行为得到不断改善,使其具备对自己负责的意识和态度,促进人的学习与发展。培训作为一种塑造人能力和资质的教育方式,其任务是为已有的职业活动做前期准备,培训类型不仅包括职前培训、岗位培训,还包括晋升培训、职业继续教育和转岗培训等方式。教育的任务,包括道德教育(善的价值判断)、文明教育(社会文明与文明习惯养成)、文化教育(通过传统的读、写、算的强化学习,具备个性化发展的能力)和纪律教育(自我行为控制和自律)。所谓教养,分为实质教养和形式教养两大类。职业教育学根据教育的领域及类型来划分,不仅有职业学校教育学、普通职业教育学,还有比较职业教育学、企业教育学、劳动教育学、特殊职业教育学、职业性康复教育和第三世界职业教育等。具体而言,职业教育学未来的发展方向和趋势主要包括以下几方面:

第一,在社会转型及经济社会快速发展的背景下,职业教育学呈现动态性变化特征。

第二,比较教育学运用比较研究法,分析他国与职业教育相关的政策、制度、措施、发展与运行机制等,总结和思考他国职业教育的经验与教训。

第三,目前,职业教育的实施地点主要是在学校和企业。在整个职业教育结构中,学校教育与企业教育由于功能定位、责任和义务的不同,两者分工就有所不同,在此基础上派生出了职业学校教育学和企业教育学(劳动教育学)。

第四,对不同的职业或专业,除了要体现出教育的共同因素,还要根据每个专业的不同特点以及不同的职业领域,研究和探索出具有针对性的教学策略和教学论思想。

第五,在职业性康复教育学或特殊职业教育学方面,将残疾或障碍人员等社会特殊群体作为职业教育或康复性学习的对象,既能帮助这些社会特殊群体和弱势群体真正融入社会,也能顺应当今世界的"全纳教育"思潮。

第六,在第三世界职业教育方面,通过派遣职业教育方面的专家与世界其他发展中国家合作开展项目、建立职业教育合作研究机构和培训教师等方式,在支持和促进其他发展中国家职业教育发展的同时,研究发展中国家职业教育的发展规律。[1]

(2)职业教育学的学科归属

职业教育学的学科归属主要是回答职业教育学是什么以及职业教育学的逻辑起点是什么等问题。只有厘清了职业教育学的本质内涵,才能构建出完整的职业教育学体系、把握住职业教育学的发展趋向、带动职业教育学的自觉行动与自我意识。也只有占据一定的学科"话语权",才能够明晰和突出学科地位与角色、促进"学科自觉意识"在学科研究工作者及职业教育工作者中的生发与膨胀、明确学科发展的方向。因此,我们在研究职业教育基本理论以及职业教育学学科发展的过程中,要倾力构成和完善学科结构体系,从而实现职业教育学理论层面的高度综合与建构。此外,还要对职业教育学学科结构的学术传统及演进规律

---

[1] 柳劲松.回顾与展望:中国农村职业教育研究态势与实践探索[M].广州:世界图书出版广东有限公司,2011.

进行深入揭示,对职业教育学的自身发展保持密切关注。如果不对职业教育学学科身份进行深入研究和确认,就会存在学科"碎片",也就无法构建出完整的学科结构体系。①

从职业教育的学科归属来看,我们既要关注学科自身建设和发展历程中存在的现实问题,以创造出职业教育理论与实践双向发展和互动建构的良好局面,也要注意总结学科结构演进规律、梳理学术传统、追溯和理清职业教育学发展的历史轨迹。目前,我国关于职业教育的研究领域及问题有了较大的拓展,研究者的研究视野从社会学层面的职业研究扩展至教育学层面,产生了将职业科学或职业领域科学作为职业教育基准科学的理论创新。因此,我们可以将职业教育学的基础理论结构归纳为经济学、社会学、技术学或技术哲学、职业学或职业科学和教育学五个方面。

2. 职业教育的对象

任何学科都需要有具体明确的研究对象,如果对研究对象的了解不明确、不全面,就会导致学科迷失发展方向。尽管如此,对研究对象的明晰不是短期完成的,而是伴随学科自身不断成熟而逐渐明了的,是一个从不明确到不全面、不具体,再到较全面、较深刻的不断发展的过程。目前,职业教育学的研究者们对职业教育学的研究对象大致有以下一些认识:②

(1)关系论

《职业技术教育学》一书中提出,职业技术教育学的研究对象,主要包括职业技术教育内部各要素及其之间的相互关系、职业技术教育与经济社会发展之间的相互关系、职业技术教育与科技进步之间的联系。

(2)现象论

《职业技术教育学》一书中提出,"客观的职业技术现象"是职业技术教育作为一门独立学科的研究对象。

(3)规律论

有研究者提出,职业教育学的研究对象是职业教育规律。如在《职

---

① 柳劲松.回顾与展望:中国农村职业教育研究态势与实践探索[M].广州:世界图书出版广东有限公司,2011.
② 同上.

业技术教育原理》一书中,国家教委职业技术教育中心的编者们认为,职业技术教育原理是以一定的经济社会发展为背景,在研究包括职业岗位及职业群在内的整个社会职业对人的发展提出的要求、人对职业产生的需求的基础上,研究如何通过教育与培训培养出社会职业急需的技术技能型一线应用型人才、如何满足公民对社会职业的需求,以实现供需平衡目标。这些研究本质上是对教育规律的研究。

(4)问题论

有学者认为,职业教育学是研究和分析职业教育中存在的问题、内部各要素及其之间的联系,并探寻问题解决方法的一门学科。

上述几种观点从不同角度指出了职业教育的研究对象,但仍存在将职业教育研究对象"窄化"的问题。

在讨论教育研究对象时,有学者将教育活动、观念及反思作为教育的研究对象。也有学者运用历史与逻辑统一原则纵向分析指出,教育研究对象形态为教育活动、教育事业与教育思想(观念)。以此为借鉴,我们可将"职业教育存在"作为教育研究对象。职业教育存在的形态特征可以分为三类:

第一类称为"职业教育理念存在",包含了人类职业教育活动中多方面的"认识成果",这些理论观点、思想意见等"认识成果"一般以报告、讨论、文件、论文和著作等方式表现出来。

第二类称为"职业教育制度存在"。思想力量确实能推动职业教育发展,但制度却能为职业教育发展提供保障。一般只有当职业教育达到较大的规模且具备了较高的组织化程度时,制度形态才会随之产生。我国真正独立的职业教育制度形态,一直到清末出现"壬寅学制"时才正式登上历史舞台。

第三类称为"职业教育活动存在",它包含职业教育中最丰富多元的"存在",包括一切影响职业、职业生活世界和职业人的人类实践活动。

应该说,"职业教育存在"作为教育研究对象较为全面,但是否科学合理有待进一步研究。

六、农村职业教育的功能

职业教育的功能并非一成不变。它受社会经济、政治、文化、人口等多重因素的影响,因此,职业教育的发展规模、人才培养模式及专业课程设置都必须随着时代的发展而进行调整改变,以适应社会和受教育者的需求。在乡村振兴战略背景下,农村职业教育应该紧紧围绕乡村振兴这一主题,立足于农村发展,培养新型农民,为农村社会发展服务,其主要功能包括以下几个方面,如图 1-5 所示:

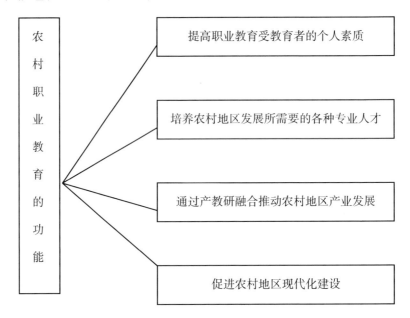

图 1-5　乡村振兴背景下农村职业教育的功能

（一）提高职业教育受教育者的个人素质

职业教育对受教育者的个人素质培养具有极其重要的作用,主要表现为以下几方面,如表 1-3 所示:

表 1-3　职业教育对受教育者个人素质培养的作用

作用	具体阐述
夯实基础文化知识	农村职业教育要把握好传授学生基础文化知识的方向和程度,培养目标应该区别于普通学校:一方面,职业教育需要教授文化课程,以满足受教育者的发展需要和继续求学发展愿望,避免职业教育纯就业培训化倾向,但是相对于普通学校的培养要求应有一定程度的降低;另一方面,职业教育必须培养受教育者的职业道德素养(涵盖基本的道德认知和法律知识),为将来职业发展做铺垫

续表

作用	具体阐述
传授专业适用知识	专业适用知识是职业教育的核心要义所在,包括职业理论知识和实践技能。根据专业对学生进行理论知识的传授是培养学生实践技能的前提,专业的基本原理、方法有助于指导实践操作,理论与实践的结合能让学生更好地将专业知识内化于心,外化于行。在进行职业教育时必须是专业理论知识的学习和实践技能的培养双管齐下,专业理论知识指导学生走得更快更远,高精尖技术离不开理论的支撑,在实践中创造性地应用正确的理论知识,才能让他们走上专业化发展道路。为了防止陷入纯理论性培养,职业教育必须给学生提供大量的实训指导和实践机会,使学生在学习中培养职业技能
培养终身学习能力	职业教育能提供给受教育者的知识是有限的,要提高个人素质必须依靠其自身的学习,这需要职业教育学校培养学生终身学习的理念,并使其掌握良好的学习方法和能力,为他们的自我学习和自我教育打下基础。面对不断发展变化的社会,不断出现的新技术让终身学习能力成为学生就业的基础,个人学习能力直接影响其职业路途的前景。职业教育要着重培养他们不断获取新知的技能和方法,为个人做好职业准备与规划

(二)培养农村地区发展所需要的各种专业人才

在乡村振兴大背景下,需要各行各业的专业技术人才去承担建设农村的重任,农村职业教育在其中具有不可替代的作用。农村职业教育面向农村培养各类实用人才,包括现代农业技术人才、农业经营管理人才、农村医疗卫生人才、乡镇企业技术人才、农村干部队伍等,如表1-4所示:

表1-4 农村职业教育面向农村培养的各类实用人才

各类实用人才	具体阐述
现代农业技术人才	农业是农村赖以生存和发展的根本,也是国家粮食安全的重要保障。各地区农村职业教育要根据当地实际设置专业与课程,旨在培养适合当地农业经济发展的人才。职业教育可以培育受教育者现代化农业思维,合理利用自然资源,利用新技术提高农产品产量和质量,保证粮食安全,实现农业健康可持续发展。这种现代农业技术人才同工业技术人才的培养同等重要,毕竟无论国家如何发展,农业始终是立国之本,而依靠传统的农业技术以更少的人力资源去支撑农业的发展是不切实际的

各类实用人才	具体阐述
农业经营管理人才	现代农业要走上高速发展之路,依靠传统的农业形态是远远不够的,新型农场、生态农庄、农业园等的兴起为农业发展注入了活力,但是在建设这些新型农业模式的过程中,农业从业人员出现了结构性短缺,农村职业教育立足于为农村培养这类人才。这类人才对农业生产的各环节进行专业指导,形成与新时期社会发展相适应的农业生产经营模式,这对于解决农业资源短缺和农村学生就业困境具有重要意义
农村医疗卫生人才	医疗卫生保障对于农村居民的健康极为重要,农村地区医疗资源的匮乏在各地都已凸显。随着物质生活的极大丰富,人民对自身健康的关注度越来越高。良好的医疗卫生系统是农村居民的健康卫士。职业教育对医务人员的培养既有助于满足农村居民的健康需求,解决农村地区看病远、看病难等问题,又能为社会医疗卫生系统提供足够数量的后备人员,促进农村卫生事业的长足发展
乡镇企业技术人才	乡镇企业的发展同样需要大量的技术人才。从经营管理者到普通技术人员,都需要经过一定的培训才能胜任相应的岗位,农村职业教育应充分发挥其职业培训的功能,与乡镇企业进行校企合作,将受教育者培养成为适应乡镇企业发展需求的专业技术人才。一方面能让学生就近就业,防止人才的流失;另一方面与乡镇企业合作能提供大量的岗位技能实训,对于培养学生的职业能力具有极其重要的作用
农村干部队伍	农村社会各方面发展,离不开一支优秀的领导干部队伍。农村职业教育要立足于农村经济和基层组织建设的需要,有针对性地培养基层工作人员,提高其理论知识水平,使其结合农村社会发展的问题深入钻研学习,多参与乡村社会实践,深入人民群众中,熟悉乡村建设工作,为新农村建设培育一支有理想、有信念、有实干的青年干部队伍

（三）通过产教研融合推动农村地区产业发展

产教研融合是指教育教学与生产实践、教育科研相结合的一种教学模式。农村职业教育通过这种教学模式,可以将源于课本的教学内容应用于实践中,经过项目和问题研究,突破教育教学中的重难点。农村职业教育必须以服务学生就业为导向,基于农村产业发展、企业发展所需要的技术和技能、未来产业发展走向来进行专业和课程的设置和研究。

1. 优化农村地区产业链

农村职业教育的定位在于振兴乡村、培养新型职业农民等。农村职业教育应该结合区域农业产业发展战略,通过企业、高校和科研机构的共同研究,为农村产业发展服务。农村职业教育应肩负把当地农产品发展成区域产业的任务,借此扩大职业教育的社会影响力,吸引更多的青年学生接受职业教育,使其服务家乡经济建设,把新的技术、新的想法转化为农业产业发展的动力,带动农村社会经济发展。

2. 促进农业产业转型升级

农村职业教育除了可以带动农业产业发展,也可以促进农业产业转型升级,如生态农业。这是解决工业的农业化发展所带来的种种资源浪费及生态破坏问题的一种有效措施,也是响应建设资源节约型、环境友好型社会的有利途径。生态农业需要农村职业教育培养学生的生态意识、经济学原理、现代管理技术和手段,能更多地从可持续发展角度来发展农业。这对于农村地区的环境保护和农业资源的高效利用具有重要意义,也是新型职业农民从事农业生产的理想途径。

(四)促进农村地区现代化建设

推进农业现代化是农村地区现代化建设的主要任务。此外,还包括全面深化农村改革、大力发展农村公共事业、千方百计增加农民收入等。而这些任务的实现,离不开建设主体——人。因此,农村地区现代化建设的重点也包括人的现代化建设。

1. 基于当地农村实际情况建设农村职业学校

农村职业教育的宗旨是培养现代化建设人才的技能。职业院校应建立与农村互动的机制:一是便于了解当地农村在现代化发展进程中遇到的阻碍,分析农村农业发展的困境,做好专业技术的指导与扶持;二是分析农村建设未来走向,了解农村农业发展的技术人才缺口,切实为农村现代化建设服务并具有超前意识,引领农村新型技术人才的培养方向。

2. 切实服务"三农"工作

农村现代化建设必须面向农业、农民、农村的发展,转变传统"三农"观念,努力应用现代科学技术服务"三农"工作。

第一,农村职业教育要发挥带领作用,通过与本地域的多方合作将教育、科技和农业有效结合,突破传统农业框架,发展有地域特色的农业模式,推动当地农村经济的发展。

第二,农村职业教育要紧紧抓住服务于农村建设这一中心点,将受教育者培养成乐于服务农村、能够胜任新农村建设的专业人才。

第三,农村职业教育要发挥开发农村人力资源的作用,将潜在劳动力转化为实际生产力,培养大批服务于农村发展的各种技术人才,改变农村地区劳动力结构,让农村发展后劲充足。

第二节　乡村振兴背景下职业教育发展机会

乡村振兴战略是实现我国农村全面振兴的战略。因此,它将不可避免地对与经济和社会发展密切相关的城乡职业教育的发展产生影响。这种影响更多地体现在对城乡职业培训发展的需求上。简而言之,实现乡村振兴需要农村职业教育进行改革,以符合实现乡村振兴目标的需要。提供适当的人才支持,这不仅对当前农村职业教育培训的供给状况提出了挑战,也为农村职业教育培训提供了新的发展机遇。

一、城乡融合发展,促进县域职业教育规划的变革

"融合发展"是指按照统筹发展的理念和要求,逐步打破原有的城乡二元发展体制,建立或制定新的体制、机制和相关配套政策。具体落

实到职业教育领域,其主要表现在以下几个方面:

第一,统筹城乡职业培训发展,城乡教育要素要充分流动、互联。

第二,以城乡为区域体系,进行城乡职业院校的高层次设计和总体布局。要综合考虑各方面因素,不能培养城乡边缘人才。主题区应满足城乡一、二、三产业一体化发展的需要。

第三,根据城乡融合发展的特点和要求,建立全国职业培训体系,目的是提高服务效率,注重教育资源的利用。

二、优先发展"三农",促进涉农专业的现代化建设

党的第十九次全国代表大会强调,要始终把解决"三农"问题作为全党工作的重中之重,把农业和农村发展放在首位,实施乡村振兴战略。在职业培训方面,更应该根据未来乡村振兴的需要和前景,积极改革职业培训供给侧的人才培训结构。改革的核心是,一方面,职业院校重视农业专业建设,建立多层次的农业职业体系;另一方面,根据农村一、二、三产业融合和新型企业发展的需要,开展与农业相关的职业提升和职业集群建设,满足现代农业和农村发展对新型职业农民的培训需求。

三、培育乡村精英,促进多层级职业教育体系的发展

(1)发展现代农业是乡村振兴的主要内容,农业规模经营是现代农业发展的基本特征。"三权分置"等土地制度改革为加大农业发展的力度创造了条件,创建了新的农业企业,培养了家庭农民、农业人才等新型专业农民。现代农业发展的另一个显著特征是,现代商业单位用现代科技和社会资本改造传统农业。技术与资本的结合创造了规模经济,并与土地、资本、技术、劳动力等现代生产要素有机结合,实现农业规模经济和科技附加值的最大化。引进新的生产要素是改革传统农业的根本途径。因此,不仅要引进优良的作物和农业机械,还要引进具有现代科学知识、管理技能和适应市场的新型农民。因此,发展农业、改革传统农业、培养新型职业农民是重要前提。

(2)党的十九大之所以提出要优先发展农村和农业,其中的一个重要原因就是农村拥有"人气"。要优先发展农村和农业,一方面,要把留

守的一些农民培养成为适应社会发展的新型农村,鼓励一部分拥有一定知识的农民工返乡创业,也可以提供相应的政策鼓励大学生到农村就业;另一方面,要培养一些熟知农村相关知识的管理团队。总体来说,要做到以下几点:

第一,要培养一些优秀的农村干部。

第二,要培养出信息化的人才队伍,保证农村发展能够跟上时代的发展。

第三,努力培养农村的科技人才。

第二章

我国农村职业教育的发展历程与趋势

第一节　我国农村职业教育的发展历程

我国农村职业教育的发展历程,概括起来可以分为以下几个时期,如图 2-1 所示:

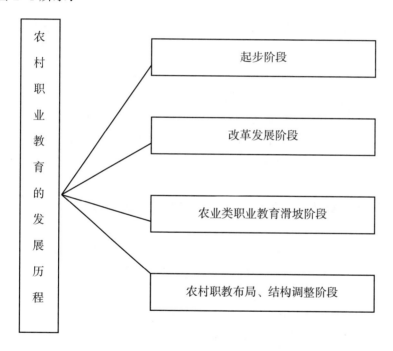

农村职业教育的发展历程
- 起步阶段
- 改革发展阶段
- 农业类职业教育滑坡阶段
- 农村职教布局、结构调整阶段

图 2-1　农村职业教育的发展历程

一、起步阶段(1984—1989 年)

1983 年颁布了《中共中央关于加强和改革农村学校教育若干问题的通知》(简称《通知》),根据《通知》要求,许多地区兴办、改办了一大批职业学校,农村职业学校数量由 1984 年的 4217 所增加到 1986 年的

5113 所,招生数由 1984 年的 51.06 万人增加到 1989 年的 62.24 万人,在校生数由 89.51 万人增加到 136.06 万人,农村教育结构不合理的现象得到初步改善。[①]

在整个农村职业教育得到显著发展的同时,也有一小部分职业学校办学陷入了困境。究其原因,除了农业生产效益比较低下及传统的农业生产的陈腐观念外,最重要的还是这部分学校办学方向不明确、办学条件较差、毕业生难以发挥作用等。

二、改革发展阶段(1990—1995 年)

1990 年原国家教委下发了《全国农村教育综合改革试验区工作指导纲要》。农村教育改革试验区为全国提供了宝贵的经验,对农村教育改革起到了很大的推动作用。与此同时,国家教委还注意不断总结、推广各地成功的经验,对全国农村职业教育发展起到了较好的导向和推动作用,农村职业教育开始走上健康发展的轨道,农村职业学校招生数和在校生数分别由 1989 年的 62.24 万人和 140.88 万人提高到 1995 年的 89.09 万人和 198.25 万人。[②]

三、农业类职业教育滑坡阶段(1996—1997 年)

这一阶段农村职业教育的发展总体上呈现良性发展态势,招生数在稳步增长,但农村职业中学的农业类专业招生数下降幅度较大。农业类专业下滑的原因主要包括以下几方面:

第一,农村产业结构调整,二、三产业大力发展。

第二,农业生产效益比较低下。

第三,传统就业观的影响。

第四,部分职业学校缺乏职业教育特色,教育质量不高。

---

① 曹晔,暴增海,盛子强.农村经济发展与职业教育[M].长春:吉林人民出版社,2005.
② 同上.

四、农村职教布局、结构调整阶段（1997 年至今）

随着农村经济的发展和产业结构的不断调整，农村二、三产业取得了长足的发展，为农村职业教育专业结构调整提出了客观要求。

1997 年，受亚洲金融危机等因素的影响，我国部分企业的发展也受到影响，对人才的需求势头有所减弱。同时，大中专毕业生就业市场化，实行了"双向选择，自由择业"的就业政策，为了在劳动力市场上能有效就业，学生加强了对专业的选择。职业学校为适应这一变革，进入布局结构调整阶段。高等教育的扩招，拉动了普通高中的发展，使中等职业学校的生源有所减少，招生数量下降。一些职教特色不明显的职业学校，在招生数量减少和专业设置不合理的双重困境挤压下，逐渐失去了生存和发展的能力。因此，迫切要求进行职业教育资源的重组。我国进入了优化资源配置，提高教育质量的阶段。[①]

第二节　我国农村职业教育发展的趋势

概括来说，我国农村职业教育发展的趋势主要包括以下几个方面，如图 2-2 所示：

一、农村职业教育将成为农民职业教育的主要载体

针对农民教育的分层次、按需要、有计划的教育培训将成为农村职业教育发展的一个方向。到目前为止，农村中等职业学校已经拥有一定规模的师资队伍和实验实习基地，而且未来还将是发展的重点，农村职业学校（还包括农业科研推广部门和农民合作组织）将成为实施农民职业技术教育的主体。今后一段时期，随着农村产业升级和社会发展进程

---

① 曹晔，暴增海，盛子强.农村经济发展与职业教育[M].长春：吉林人民出版社，2005.

的加速,农民需要接受多层次、多类型的职业继续教育,才能适应农村产业结构不断升级和劳动力大量转移的需要,这无疑为农村职业教育与农民继续教育紧密结合,通过体制创新,加强农民继续教育方面提供了良好机遇。

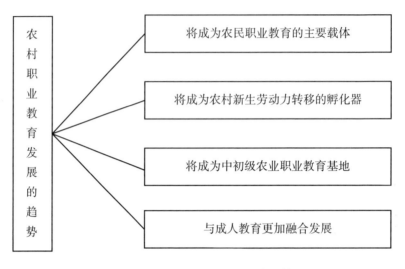

图 2-2　农村职业教育发展的趋势

二、农村职业教育将成为农村新生劳动力转移的孵化器

农村新生劳动力转移是中国城市化的必然要求,从国民教育体系结构看,促进农村新生人口向城镇和非农产业大批量转移的更有可能是农村中等职业教育。今后二三十年内,与发展农村二、三产业以及转移农村劳动力相适应的农村职业教育将迅速得到发展。事实上,近年来农村人口向城镇流动的相当一部分也是农村职业学校的毕业生。因此,农村职业教育应以推进整个农村经济社会发展为己任,专业设置将覆盖三类产业。落实到具体某一学校则应根据自身条件逐步优化专业结构,形成特色专业。从这个意义上讲,尽管农业职业教育必须要有大的发展,但中等职业学校不可能、也没必要举办过多的农科类专业。农村职业学校将以人才市场需求为导向不断调整专业设置,并逐步形成专业群结构的区域特色。

三、农村职业教育将成为中初级农业职业教育基地

农村中等职业教育具有兼顾农村新生劳动力转移和中初级农业人才培养的双重任务。

（1）农村中等职业学校的非农专业应普遍开设农业实用技术课程，这也是农村中等职业学校实行"绿色证书教育"的方式。学校在培养学生一次性就业知识、技能的同时，施以农业教育，主要是培养学生用科学的思维方式整体认识农村、农业和农民，为以后可能去经营农村和农业打下必要的基础准备，帮助学生树立对农村、农业的积极态度。

（2）农村中等职业学校需要保留农业类专业。尽管以后仍然会以非农专业为主，坚持面向城镇化和二、三产业发展培养人才，但农科专业有其发展的必要性和可行性。农村中等职业学校将担负起实施中、初等农业职业教育的责任。今后较长时期，与发展规模、效益、特色、生态、有机农业相适应的农村职业技术教育将更加得到社会重视，得以健康、持续、稳定发展。在具体操作上，农村职业学校农科专业的开设仍以县市为基础，实行市州统筹。

四、农村职业教育与成人教育更加融合发展

农村职业教育和农村成人教育都是服务农业、农村、农民的教育，促进农村职业教育与成人教育更加融合发展，对推动城乡统筹发展，加快农村新型城镇化，具有重大而深远的意义。农村职业教育和成人教育应以推动县域经济社会发展为目标，必须统筹规划，需要协调发展。前些年，由于各种原因，农村成人教育投入较少，因此，各级政府要把农村成人教育纳入政府的工作日程，尤其要加大乡镇（村）成人文化技术学校经费投入，加强学校的硬件建设，进一步完善现代农村职业教育体系。

农村职业教育与成人教育相互渗透融合，是农村经济建设的要求，具体来说，应做到以下几个方面：

（一）资源共享

第一，要积极探索新常态下职业教育发展思路，建立实验基地，能切

实加强生产实习、职业技能训练和实践性教学环节,提高农民创新精神和创业能力的教育和培养。

第二,县级职教中心可以利用政策和职能等优势,在县域所辖乡镇建立职业教育基地,与乡镇农村成人文化技术学校共同使用,推进成人职业教育融合发展。

（二）合作办学

第一,县级职教中心和乡镇农村成人文化技术学校要联合办学,在乡镇农村成人文化技术学校设立教学(点)班,针对当地农民,举办学历教育与非学历教育。

第二,分工协作,形成合力,共同培育"有文化、懂技术、会经营"的新型职业农民。

第三章

乡村振兴背景下农村职业教育的困境、成因与对策

第一节　乡村振兴背景下农村职业教育的困境

概括来说,乡村振兴背景下农村职业教育的困境主要包括以下几个方面,如图 3-1 所示:

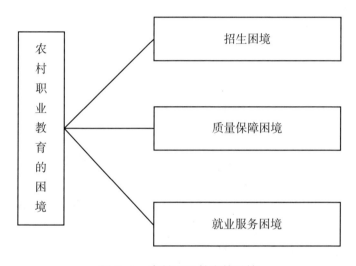

图 3-1　农村职业教育的困境

一、招生困境

下面以中等职业学校招生为例进行分析,由于中等职业学校的社会认可度不高,导致其招生非常困难,一些由于考试失利而没有进入高中的学生宁可回家或者直接去找工作,也不愿意进入中等职业学校进行深入学习。调查显示,一些中等职业学校教育基本处于无人入学的状态,针对这种情况,各地也出台了一些政策鼓励学生入学,比如减免学费、降低分数等,这些政策的出台不仅没有取得理想的效果,反而事与愿违,给职业教育带来了极大的伤害。大部分家长和学生由此更认为职业教育是没用的教育,职业院校是名副其实的"差生"学校,对中等职业教育的抵触情绪更加严重,结果导致中等职业学校的招生更加困难。概括来说,产生招生困境的原因,可以从两方面进行反思和总结,如图3-2所示:

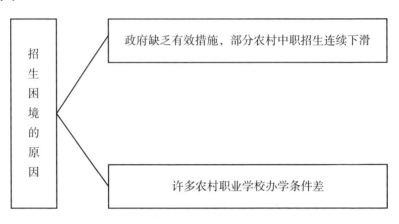

图 3-2　招生困境的原因

（一）政府缺乏有效措施,部分农村中职招生连续下滑

20世纪90年代初开始,我国农村的产业结构不断进行调整,结果导致第一产业发展比较缓慢,而第二、三产业发展较为迅速,这就导致了农业经济效益出现了下滑的现象,农民增收缓慢,城乡收入差距比较大。另外,由于农村的科技水平不发达,导致现代农业的开发力度不大,农村劳动力市场狭小,这就使得一些农村职业教育学校的毕业生就业机会较少,他们的所学没有用武之地。

随着改革开放的不断深化,国有企业所需要的人数逐渐减少,这就导致了就业形势更加严峻,在此背景下,1999年,国家为了刺激消费,也为了推动经济的快速发展,出台了高校扩招的政策,这在一定程度上导致大学毕业生人数众多。另外,随着经济的不断发展,用人单位对毕业生的学历提出了更高的要求,这就导致很多家长想方设法送子女上大学,对于职业教育是不屑一顾的。

以上几种原因导致了我国部分农村中职招生连续下滑。对此,职业教育必须充分认识到这一点,要以市场为导向,充分发挥市场的作用,当然,仅仅靠市场是不行的,因为从总体上来说,农村职业教育所提供的服务属于既具有私人产品属性,又具有公共产品属性。这种特性就决定了农村职业教育必须依靠市场和政府的共同调节,在出现了招生困难的情况下,政府应该采取一些保护性措施,吸引更多合适的人才来参加职业教育。我国目前仍然是一个农业大国,农业是经济发展和社会稳定的基础,农村职业教育不仅仅是教育的问题,更是经济问题和社会问题,必须引起重视。

(二)许多农村职业学校办学条件差

我国的很多农村职业学校是在 20 世纪 80 年代初期由办学条件较差的普通中学改办而成的,其中一部分结合当地的实际情况开办了一些比较具有特色的专业,这些专业培养了大批适合当地发展所需的人才,这些人才在踏入社会后,适应能力比较强,为社会创造了财富。因此,这些职业学校的社会声誉比较好,规模也有所扩大。然而,并非所有职业学校都是这种情况,很大一部分的职业学校,由于财政困难,其办学条件等比较差,教学水平和管理质量也跟不上社会的发展,结果培养出来的学生素质较差,这就导致了之后的生源逐渐减少。概括来说,之所以出现这些问题,其原因主要包括以下几个方面,如图 3-3 所示:

1. 缺乏教育经费

与普通高校相比,农村职业教育学校所需要的实验设备较多,所以所需的经费也相对较多,然而,由于国家的教育投入经费有限,加之又缺少筹措教育经费的渠道,结果导致大多数农村职业教育学校的经费投入较少,这就导致了农村职业教育学校的办学条件等相对较差。近几年,虽然政府加大了对农村职业教育的关注力度,也制定了相应的法律法规保障农村职业教育的顺利实施,然而实际上很多的文件还没有得到真正贯彻实施,这主要是因为不少的当地政府还没有真正从思想上认识到农村职业教育的必要性和重要性,这就导致了农村职业教育经费的不到位,阻碍了农村职业教育的发展。另外,教职工福利待遇、学校教学设备的添加以及各种基础设施的维修与重建等,各项费用往往必须由学校进行自筹,这就使得学校财政负担增大,甚至到了无法承受的地步。由此可见,职教经费确实是我国农村地区职校面临的一个严峻挑战。

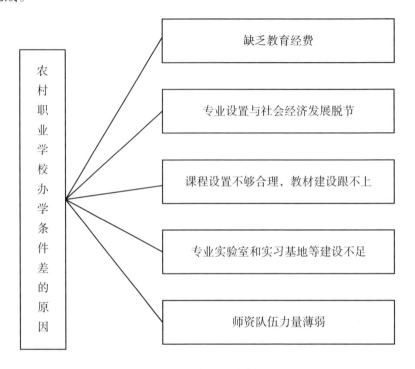

图 3-3 农村职业学校办学条件差的原因

2. 专业设置与社会经济发展脱节

当前很多农村职业学校没有对国家特别是农村地区市场进行深入研究,这就使得其在专业设置上无法主动适应农村地区的需要,盲目地跟着形式走,忽视本地特色,开设一些自认为"热门"的专业,使得专业几乎一个样,供需严重脱节,人才结构性过剩,也无法保证质量。如果农村职业教育所设置的专业没有与社会经济的发展相联系,那么培养出来的学生就无法充分发挥自己的才能,无法找到适合自己的工作,更不能为社会经济的发展做出贡献。所以说,专业设置与社会经济发展脱节是农村职业教育学校招生困难的一个重要原因。

3. 课程设置不够合理，教材建设跟不上

课程设置不够合理，教材建设跟不上主要表现在以下几方面：

第一，一些农村职业教育学校在课程设置方面不够合理，专业课程之间相互封闭，结果导致一些课程之间会出现重复和脱节的现象，系统性比较差。

第二，一些农村职业教育学校没有开设关于职业道德教育、专业思想教育等课程，这就导致了学生的思想观念跟不上时代的发展，学生毕业后对社会的适应能力较差，缺乏敬业精神、合作精神等。

第三，目前，农村职业教育学校中的一些教材品种基本上能够满足课堂的需要，但是反映新技术和新工艺的教材相对较少，农村职业教育作为一门特殊的教育形式，应时刻关注社会的发展动态，如果跟不上时代潮流，培养出来的学生势必不能适应社会的发展需要。

4. 专业实验室和实习基地等建设不足

目前，我国很多农村职业教育学校的专业实验室缺乏建设经费，条件简陋，实验室中的主要设备仪器和基本设施都很差，许多专业教师只能从理论上给学生讲解，这导致学生的实践能力较差，这无疑对教学质量的提高有很大影响。调查发现，不少农村职业学校与普通学校相比，在实验室、实习基地等基础设施的建设上条件落后，这是个必须尽快解决的突出问题。特别是当今我国农村经济发展迅速，许多专业如现代种植、现代养殖、农村家庭经营、财会、电子电器等对实验室的要求越来越突出，不仅需要解决有没有的问题，更要解决质量好坏的问题。如果无法为这些实验室配备高标准的仪器设备，势必会影响到农村职业教育的质量。

5. 师资队伍力量薄弱

由于许多农村职业教育学校所处的地理位置较为偏僻，交通不便，条件也比较艰苦，结果导致农村职业教育学校中的师资队伍不稳定，流动性比较大。许多农村地区办学时根本没有考虑到当地经济社会发展的需要,而是有什么样的专业老师就开设什么样的专业,不管是否适应社会发展的需要。相反,有的是开设了该专业,却因缺少专业老师而成为虚设。有的老师甚至兼任多门专业课程,甚至多到无法完成正常的教学任务,可想而知其教育质量状况。专业教师的严重匮乏导致了一些农村职业教育学校的教学工作无法正常开展,教育质量状况日益下降。另外,许多农村职业教育学校还存在教师学历不达标的现象,很多教师不能将专业技能传授给学生,这就使得学生的动手能力较差,教学效果不理想,这使得学生学过的技能不合格,与实践脱节,无法成为真正意义上的技术人才。所以说,农村职业教育学校的师资力量薄弱也是其招生困难的一个重要原因。

二、质量保障困境

农村职业教育的质量保障困境主要包括以下两方面,如图3-4所示:

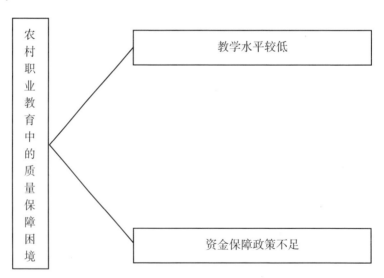

图3-4 农村职业教育中的质量保障困境

（一）教学水平较低

目前，我国以学校为主体的农村职业教育主要存在以下问题：

第一，教师缺乏实践能力。

第二，学校教育的专业设置缺乏科学性。

第三，农村培养人才的水平普遍较低。

出现这些情况的原因主要包括以下几方面：

第一，我国农村职业教育发展的环境使然。

第二，自身主观上的重视程度不够。

纵观我国农村职业教育发展的现状，"双师型"教师的缺乏导致我国农村职业教育始终处于低水平状态。不仅在教学中如此，在农村技术推广体系中也普遍缺乏各种优秀技师，对农民培训的技能一直处于较低的水平，许多先进的技术根本无法广泛推广开来，在推广过程中也存在只重数量而忽视质量的问题，这些都制约着我国农村职业教育难以发挥更大的作用。可以说，这是我国农村职业教育的核心竞争力所在，是必须重视和改进的症结所在，政府必须高度重视并采取切实有效的措施加以解决。

（二）资金保障政策不足

农村职业教育有很强的外部性和公共性。

外部性是指在社会经济活动中，一个经济主体（国家、企业或个人）的行为直接影响到另一个相应的经济主体，却没有给予相应支付或得到相应补偿，就出现了外部性。经济外部性，亦称外部成本、外部效应或溢出效应。外部性可能是正面的，也可能是负面的。一般来说，经济发达地区的职业教育投资对落后地区的正外部性很小，而落后地区的职业教育投资对发达地区产生的正外部性却很大。这就间接促进了人才流进地区的经济发展。显然，这种情况对贫困地区是不利的，它让人们感觉到对职业教育投资越多回报越少，于是纷纷减少对农村职业教育的投入，这又限制了农村地区的经济发展。这样一种恶性循环的培养模式就导致了目前我国那些越是人口众多、发展落后、急需农村职业教育的农村地区的地方政府，越不愿意在农村职业教育上投资。这种消极心理，使得地方政府缺乏主动进取的热情。

公共性是指任何一个主体对客体都有使用权却没有处置权,同时任何对客体的投资都能够使所有主体受益。对于农村职业教育来说,虽然公共性不是非常强,但随着公共财政对其进行投资力度的不断加大,其公共性也在不断增强,这种公共性也是各级地方政府、个人或者企业对农村职业教育投资缺乏动力的原因之一。

三、就业服务困境

农村职业教育的就业服务困境主要包括以下两方面,如图3-5所示:

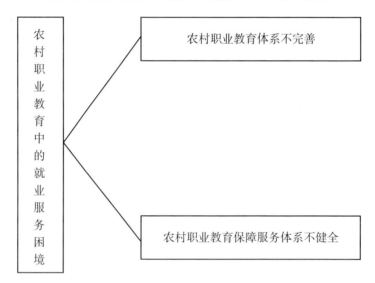

图 3-5　农村职业教育中的就业服务困境

（一）农村职业教育体系不完善

近几年,虽然"新职高"大量出现,但是职业教育体系仍然不够完善,尤其是在农村职业教育中出现的问题还有很多。例如,我国很多的农村职业教育学校还没有通往高职的道路,这就使得从农村职业院校毕业之后的学生无法继续深造,既限制了学生的发展,又制约了他们顺利就业,这也是导致很多父母不愿意自己的孩子读农业职业教育学校的原因。这一个问题如果得不到有效解决,那么就会对招生问题造成消极影响,有一部分的农村职业教育学校为了解决这一问题,直接办起了五年制高职班,想法虽然很好,但在实践过程中,由于很多环节没有做好,所以教学的质量得不到保证,这也影响了学生学习的积极性。

从以上分析中可知,要想大力发展农村职业教育,必须完善我国的农村职业教育体系,要加强远程教育在农村职业教育中的作用,加快农村的网络建设,为以后更好地进行农村职业教育奠定良好的基础。

（二）农村职业教育保障服务体系不健全

农村职业教育保障服务体系不健全主要表现在以下几个方面,如图3-6 所示:

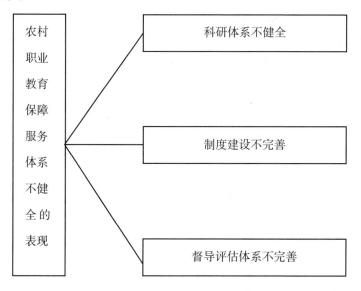

图 3-6　农村职业教育保障服务体系不健全的表现

1.科研体系不健全

目前,许多先进的农村职业教育经验技术和成果没有得到有效宣传

和推广，更不用说开展相关的学术研究活动。研究尚未形成大气候，传播阵地相当有限，信息不对称、沟通渠道少导致沟通困难等，诸如此类的问题普遍存在于各地。许多农村职业学校的教学科研活动、专业课教学经验交流会，只是纸上谈兵，没有真正切合实际、真正深入一线。校际之间相对封闭，彼此看成是竞争对手，学校之间缺少先进经验的交流和学习。教学科研体系不健全，制约了我国农村职业教育的发展。

2. 制度建设不完善

国家为了保证我国职业教育的长远发展，初步制定了以《职业教育法》为主体的法律制度体系，各地方省市也从当地的实际情况出发相应地制定并出台了一些发展职业教育的法规和文件，但总体来说，有关农村职业教育的相关文件还非常少，即便有一些，却因为措施过于刚性、不够灵活、实施难度较大，而使得实施效果不是很明显。例如，虽然有些农村提出了"先培训、后就业"的原则，并要求进行贯彻实施，但由于缺乏相关法律的保障，所以实施效果非常不理想，所以说，要想保证农村职业教育的发展，必须要制定相关的法律，只有这样，才能为农村职业教育创造出良好的制度环境，保证其顺利发展。

3. 督导评估体系不完善

教育督导既要监督教育，又要监督政府，其中重点就是监督政府要将职业教育纳入总体发展规划中，以保证职业教育和其他教育可以得到同等程度的发展，确保农村职业教育要适应当地经济发展的需要，能够培养出适合当地发展需要的合格人才。另外，还要督导政府落实好职业教育的教育经费，保证职业教育的顺利进行。

就目前我国的情况来看，各级政府和教育督导机构都将重点放在了监督普及九年制义务教育上，而对职业教育的监督检查等都没有真正落到实处，即使有的地方出现了生源大战等问题，也缺乏强有力的权威机构去依法督查纠正。尤其是许多农村地区的督导机构，如同虚设，完全没有发挥出应有的作用。所以说，要想保证农村职业教育的顺利进行，必须要完善督导评估体系。

第二节　乡村振兴背景下农村职业教育困境出现的原因

乡村振兴背景下农村职业教育之所以会出现困境,其原因主要包括以下几个方面,如图 3-7 所示:

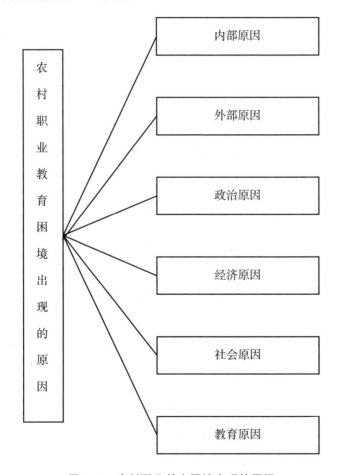

图 3-7　农村职业教育困境出现的原因

一、乡村振兴背景下农村职业教育出现困境的内部原因

乡村振兴背景下农村职业教育出现困境的内部原因如图3-8所示：

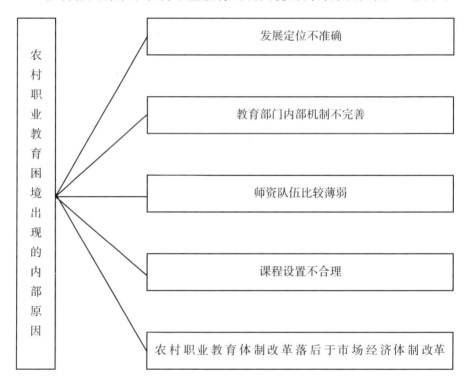

图 3-8　农村职业教育困境出现的内部原因

（一）发展定位不准确

目前,很多农村职业教育学校对职业培训方面的教育较为轻视,而比较重视学历教育,仅仅将初中毕业生作为招生对象,这种做法说明了不少农村职业教育的发展定位不准确,这就造成了其办学模式比较单一,招生数量锐减,办学效率也非常低下,长此以往,将会造成恶性循环,所以,对此一定要引起重视。

（二）教育部门内部机制不完善

农村职业教育学校除了要将一些初中毕业的学生努力培养成为社会所需要的人才之外，还应该利用学校的师资以及设备等条件，大力开展推广科学实验以及生产示范等服务，但由于我国目前很多农村职业教育部门的内部机制不完善，结果导致了很多东西也只是停留在喊口号上，真正付诸实践的太少，根本无法形成深层次的产学结合。

（三）师资队伍比较薄弱

在一些农村地区或者是一些比较贫困的地区，很多人认为，从事农村职业教育的教师不需要具备很高的学历，对教师的素质等也没有明确的要求，更为重要的是，一些农村职业教育的教师很多都长时间没有参加过培训，这就导致其知识严重老化，无法跟上时代发展的潮流，对现代计算机、网络以及现代经营管理的相关知识严重匮乏，试想，这样的农村职业教育教师如何能培养出优秀的毕业生。

（四）课程设置不合理

目前，很多农村职业教育学校缺乏必要的调查研究，所开设的课程大都比较雷同，往往是哪个专业比较热门大家就一哄而上，都根据潮流去开设某个专业，没有考虑当地的实际情况，也没有考虑所培养出来的毕业生能否适合当地的发展需要，结果造成各个学校所开设的课程雷同，没有自己的优势，也培养不出优秀的人才。

（五）农村职业教育体制改革落后于市场经济体制改革

我国社会主义市场经济体制的改革对农村职业教育产生着重要的影响，这主要表现在以下几方面：

第一，在资源配置方面，市场对农村职业教育资源配置的调节作用逐渐增强。资源配置是市场经济的重要特征之一，因此，发展农村职业

教育必须重视市场机制的作用,从而更好地吸纳社会资源。

第二,目前,农村职业院校之间的竞争越来越激烈,市场经济是竞争型的经济,这就要求农村职业教育学校必须主动参与竞争,不断提高竞争能力和自我发展的能力。

第三,政府职能的转变使得农村职业教育学校的办学自主权扩大。在市场经济体制下,政府由过去的直接管理转变为宏观的引导。对于农村职业教育学校来说,如何适应这一转变,如何形成自我约束和自我办学的实体,是其面临的一项重要任务。

从目前的状况看,很多农村职业教育学校还不能适应这种新的形势,这主要表现在以下几方面:

第一,办学主体单一。目前,我国大部分农村职业教育学校都是公办的,民办的非常少。

第二,农村职业教育缺乏竞争力。一方面,一些公办的农村职业教育学校比较习惯于在计划体制的范围内做事,缺乏对市场的认知意识和能力;另一方面,一些公办的农村职业教育学校在人事制度上也存在体制性障碍,比如在师资队伍建设方面,适合学校发展需要的教师进不来,而不合格的教师也出不去,这就导致了学校竞争力非常低,办学质量也低下。

第三,管理体制改革存在滞后的现象。一些地方政府对农村职业学校的管理既存在管理越位的问题,也存在管理不到位的问题。比如在校长任用方面,一些地方政府在选人方面看的不是这些人的能力,不是注重他们能否把学校办好,而是按照他们的行政级别来任用,这对农村职业教育学校的长远发展极为不利。

二、乡村振兴背景下农村职业教育出现困境的外部原因

概括来说,乡村振兴背景下农村职业教育出现困境的外部原因主要包括以下几个方面,如图 3-9 所示:

(一)富余劳动力转移对农村职业教育的影响

我国的城乡二元结构以户籍管理为主要手段,将人群分割成农民和市民两种身份。长期以来,对农民进城务工进行严格控制,使农村富余

劳动力难以顺利转移,与农村经济社会发展密切相关的农村职业教育受劳动力转移的影响在所难免。

1995 年后,国有企业转制以及减员增效策略的实施,大量下岗职工走向社会,城市就业问题引起社会各界关注。一些打工者被迫返回原籍,农村富余劳动力的转移开始受阻。在东部一些城市,对高校外地生源和毕业生在当地就业也做出严格限定,农村职业教育学校毕业生的就业难度可想而知。与此同时,大多数地区的农村职业教育在达到高峰后就出现下滑趋势,至今未得到根本好转。在农业大省,三口或四口之家若父母从事农业生产劳动,新增劳动力将会成为农村的主要富余劳动力。因此,如果农村富余劳动力向城市转移受阻,那么农村初高中毕业生对职业教育的需求下降在所难免。因此,农村职业教育滑坡,普通高中快速发展也就不足为奇了。①

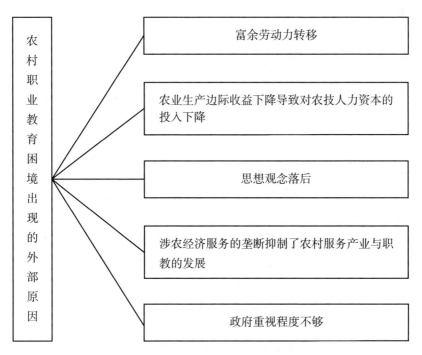

图 3-9　农村职业教育困境出现的外部原因

---

① 杨世君,王继华.发展农村职业教育与解决"三农"问题的研究 [M].哈尔滨:黑龙江人民出版社,2009.

（二）农业生产边际收益下降导致对农技人力资本的投入下降

目前，我国的农村劳动力主要是进行农业生产的，由于土地要素的投入不可能增加，考虑到人口、城镇化等问题，实际上，土地是在逐渐减少的。另外，由于没有足够的就业机会，所以农村的劳动力投入也不会减少，这就导致劳动生产率下降，因此，农业所获得的资金就必然减少，没人愿意向这一领域投资。农业生产效益低下和远期期望收益渺茫，必然导致对农业技术人力资本投入的下降。

在农村劳动力向城市转移受阻的情况下，为摆脱农村低收入，很多人都通过高考接受高等教育进入城市。近年来，高考对口升学的招生数量虽有增加，但毕竟有限，而对口升学的考试科目及内容并未突出职教特点，加之外部因素的影响导致农村职教生源总量的扩张受到制约。综合高中的兴起，一些普高毕业生通过短期专业知识的强化，也加入了高考对口升学的行列。普高生的文化知识基础较为扎实，考试成绩并不比受过职业教育的学生差，这不但对职校学生出口的空间造成了挤压，同时也降低了职业教育的社会认同感。

（三）思想观念落后对农村职业教育的影响

据统计，近几年全国职教经费总支出仅占全部教育经费的 10% 左右，其中，财政预算内经费只占 50% 左右。根据对农村初中三年级学生及其家长的问卷调查，5660 名受访学生中只有 35.2% 的人想毕业后上职业学校，而 4955 名受访家长中，仅有 28.4% 同意让子女毕业后上职业学校。毋庸讳言，把职教置于无足轻重的地位，是教育价值观上的重大失误，也是导致农村职校吸引力下降和招生难的主要原因。[1]

（四）涉农经济服务的垄断抑制了农村服务产业与职教的发展

目前，我国的一些涉及农产品流通的部门基本上由政府兴办的部门

---

[1] 杨世君，王继华 . 发展农村职业教育与解决"三农"问题的研究 [M]. 哈尔滨：黑龙江人民出版社，2009.

所控制,这些部门通过经营垄断获取高额的利润,同时也从农村获得大量的生产富余。这些部门对农村生产流通领域的一些垄断控制,割裂了农村与市场的直接联系,导致其与市场相脱节,缺少能深入千家万户的农产品经营群体,农民生产的商品很难走向市场。

实际上,农村各地围绕着农业生产开展各种服务活动是实现农村富余劳动力转移的巨大市场,长期以来,农村产业的垄断经营限制了农村富余劳动力转移,也导致了他们的创业空间减少,局限了农村职业教育的面向,与其密切相关的农产品生产经营的教育与培训因需求不足而难以开展。生产过程与市场的脱节也导致学生毕业后对新技术、新品种的了解和应用大受限制,也阻碍了农村职业教育的发展。

（五）政府重视程度不够

在城市,职业教育已经成为整个教育体系中的重要组成部门,许多职业院校都成为有志青年的一个重要选择,而职业院校也为社会培养出了一大批优秀的人才,很多职业院校培养出来的人才都成为"抢手人才"。与城市的职业教育相比,农村的职业教育则成为冷门,这其中的一个重要原因就是政府的重视程度不够。

三、乡村振兴背景下农村职业教育出现困境的政治原因

在市场经济条件下,农村职业教育活动除了受到市场的调节外,也会受到国家的干预,在由计划经济转向市场经济的过程中,国家不断完善对农村职业教育调控的方式和途径,其中最常见的手段包括立法、行政手段和计划手段。

在改革开放之前,我国实行的是计划经济体制,农村职业教育作为社会经济发展规划的一部分,在这一阶段主要是为农业服务的,所以可以成为农业技能教育,政府主要采用计划手段和行政手段对其进行干预。而随着社会的不断发展,市场经济体制逐渐建立,在这一阶段,农村职业教育必须要转向为社会主义市场经济服务,应该适应市场的需求,按照市场的需要进行办学,非农技能培训也就成为这一阶段的主要内容。国家对农村职业教育干预的手段也逐渐转变为以经济手段和立法手段为主。所以说,政治因素也是乡村振兴背景下农村职业教育出现困

境的一个重要原因。

四、乡村振兴背景下农村职业教育出现困境的经济原因

在各类教育中,职业教育与经济的联系最直接、最紧密,对经济变化的反应也最敏感。1998 年,东南亚金融危机严重影响了我国的出口贸易,相关企业的生产陷于疲软,加之国内各项改革日益深化,下岗人员增多,就业压力增大。经济的有效需求不足,使劳动力的需求总量呈下降趋势。就业机会的减少和就业竞争的加大,势必影响职教的发展规模和速度。此外,农业生产服务机构及其管理机制不够健全,采用新技术的范围不广泛,农林牧渔等行业新技术推广速度缓慢,也使农村职业教育学校毕业生不能充分发挥作用,影响了农民及其子女的求学积极性。[①]

五、乡村振兴背景下农村职业教育出现困境的社会原因

随着社会的发展,我国农村的择业观念发生了很大的变化,越来越多的农村青年开始外出打工赚钱,特别是经济欠发达的地区,由于一些乡镇企业的规模比较小,能够提供的工作岗位有限,加之农村创业的资金也非常缺乏,因此,大批农民开始外出择业,这也成为农村剩余劳动力转移的一个重要渠道。外出打工的收入已经成为农民的主要收入来源,以服务农业为主的农村职业教育对广大农村青年的吸引力越来越低。目前,我国的农村职业教育定位仍然是主要为农业服务,没有看到农村剩余劳动力转移对其提出的要求,跟不上社会发展的需要。

六、乡村振兴背景下农村职业教育出现困境的教育原因

乡村振兴背景下农村职业教育出现困境的教育因素主要包括以下几方面,如图 3-10 所示:

---

① 杨世君,王继华.发展农村职业教育与解决"三农"问题的研究 [M].哈尔滨:黑龙江人民出版社,2009.

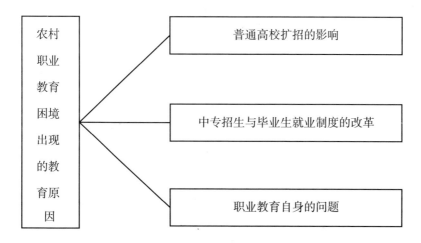

图 3-10 农村职业教育困境出现的外部原因

（一）普通高校扩招的影响

1999 年开始的全国高校大扩招,激发了农民供子女上高中、考大学的欲望,拉动了普高的发展。"普高热"的升温对农村职教造成了较大冲击。

（二）中专招生与毕业生就业制度的改革

1998 年,取消了中专毕业生包分配的就业制度,使农村青年通过中专直接就业的道路不再通畅,降低了中专的社会威望,并进一步减小了职高的吸引力。

（三）职业教育自身的问题

由于对社会主义初级阶段职业教育办学规律和特点的认识不足,政策指导不够及时、到位,使得许多农村职校在办学思想和模式、专业结构设置和教学内容等方面脱离生产和生活实际的倾向突出,教学特色不鲜明、教育质量低。

第三节　乡村振兴背景下农村职业教育困境的解决对策

概括来说，乡村振兴背景下农村职业教育困境的解决对策如图3-11所示：

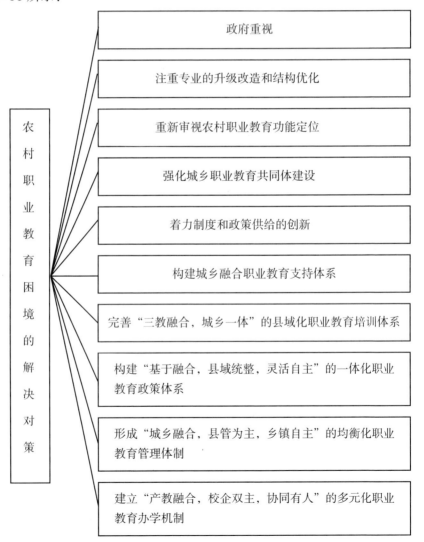

图 3-11　农村职业教育困境出现的原因

一、政府重视是农村职业教育能够快速发展的前提

各地职业教育发展的经验和教训也证明了这一点：哪里的领导重视，哪里的农村职业教育就发展得有声有色；反之，则那里的农村职业教育发展必然陷入困境。但需要注意的是，这里所讲的政府重视必须具备一个前提，那就是政府支持或重视应把职业教育的发展建立在地方经济发展的基础上，并遵循职业教育发展的规律。否则，就会事与愿违。个别地方政府领导为了搞出政绩，为本地区职业教育发展制定不切实际的目标，好大求全，追求一种轰动效应，而不是从本地实际需要出发，其结果只能是"劳民伤财"，造成职业教育资源配置错位，导致职业教育资源的浪费，这也是从我国农村职业教育发展中总结出来的深刻教训。

二、注重专业的升级改造和结构优化

乡村振兴战略背景下的专业建设必须注意以下几个问题：

第一，加强对传统专业的改造，适应新农村建设，从而满足新农村建设中对"三农"人才的需求，改变农业人才短缺的现状。

第二，对现有农业专业进行升级改造。

第三，重视农村管理，加强对专业人才的培养。

第四，以服务现代农业产业结构体系为重点，打造准确服务现代农业和农村发展的农业专业集群，以适应农村一、二、三产业一体化发展趋势，支持新产业、新业态发展。

三、重新审视农村职业教育功能定位

乡村振兴战略实施的关键是人，只有提高了人的素质，各项目标才有可能实现。因此，农村职业教育必须要重视对人的培养，不断提高农民素质，培养出新型职业农民。

新职业农民的来源是多方面的，如留守农民，这一部分人有很多是决心从事农业工作的，并拥有良好的教育基础，尤其是一些年轻女性。所以，农村职业教育应该为留守农民提供足够多的机会，从而使这部分农民能够真正成为乡村精英。又如一些返乡的农民工,这些人出去工作之后积累了很多经验,对于这部分人,农村职业教育也应该给予重视,同样给他们留出较多的受教育机会,使他们在拥有了经验的基础上,理论知识能够得到极大的丰富,从而为将来的创业等打下良好的基础。此外,还应该培养出一部分农村管理精英,这对农村的长远发展具有积极意义。

四、强化城乡职业教育共同体建设

首先,城乡职业教育共同体建设的目标和功能包括以下几方面:

第一,激发城乡职业教育两大主体的积极性,实现城市主导,促进城乡互动。

第二,推进县域城乡职业教育一体化体系建设。

第三,在城乡职业教育领域,要配合专业建设、教材建设和教学方法改革,提高人才培养质量。

其次,正确认识城乡职业教育在乡村振兴中的独特作用,是构建城乡职业教育共同体的关键。

最后,基于社区理念,促进城乡教育要素的合理有序流动与共享是城乡职业教育社区建设的重点。在推进乡村振兴战略中,经济社会发展和职业教育发展都必须以农村为中心,以农村原有价值为基础,以农民、农业和农村为中心。通过城乡要素的有序交换,实现农村内部结构的重构和外部价值的生成,寻求城乡差异化的新视角和新声音。

由于城市取向或政策的影响,城乡职业教育与成人教育存在明显差距。因此,我们应该以城乡职业教育共同体为平台,鼓励和促进城市优质职业教育资源向农村职业学校和成人教育中心,特别是职业教师和教育机构流动和共享。未来的教育资源配置应体现公平分配、一体化建设、共享和相互沟通的理念,以确保农村职业教育的高质量发展,满足农村人力资源开发和终身教育体系建设的需要。

五、着力制度和政策供给的创新

目前,三农问题仍然是中国现代化进程中存在的一块短板,总体来说,三农问题存在的根本原因是农村的教育制度比较落后,农村劳动力的素质总体偏低,农村的发展水平和提供服务的能力与农村社会经济发展所需的要求不一致。所以说,农村劳动力的素质是现代农村发展的一个重要变量,要使城乡之间的差距变小,有必要引入政策干预的"变量"来缩小日益扩大的差距,以解决农村因为社会经济发展不足而导致其落后于城市发展的现象。这一政策变量是农村制度和政策供给的创新,也就是说,要实施乡村振兴战略,农村职业教育必须要着力制度和政策供给方面的创新,通过这一措施,可以有效解决农村职业教育不足的问题,提高劳动者的素质,促进城乡教育一体化发展,促进城市教育资源特别是以教师为中心的优质教育资源回归农村,通过促进政府宏观调控、市场调节和社会动态等外部因素,激活农村运行机制和资源配置,建立城乡有序互动、互惠互补的模式,有选择、有针对性地优先引导城市大中小学校教师回流农村。

六、构建城乡融合职业教育支持体系

要构建城乡融合职业教育支持体系,重点是发展农村社区教育,具体来说应做到以下几方面:

第一,所建立的城乡职业教育支持体系一定要基于农村,要结合农村的实际,具有农村的发展特色,只有这样,所建立的体系才能真正服务于农村,也才能取得较好的效果。

第二,城乡融合的职业教育支持体系一定要多层次,要充分满足职业教育、社区教育等的需要,要重点发展农村的社区教育。

第三,要通过建立城乡融合的职业教育体系培养出一批具有较好的素质,对农业、农村和农民的发展具有重要影响的优秀人才,这些人才不仅要包括留守的农民,还应包括返乡创业的农民工和未来农村事业的接班人等。

第四,在构建现代职业教育培训体系时,必须重视社区教育的发展。社区教育功能的全面性和嵌入性,使其更能满足人们的需求,更能受到人们的欢迎。构建以发展农村社区教育为核心的现代农村职业教育体系是一种必然而有效的选择。

七、完善"三教融合,城乡一体"的县域化职业教育培训体系

要完善县域化的职业教育培训体系,必须要做到以下几方面:

第一,要将"三教融合、城乡一体"为理念和指导思想,这就意味着,在一个县域内,要按照融合的理念,统筹城乡职业教育、社会教育等,实现职业培训机构职能的整合,形成完善的县域职业教育体系。

第二,要充分发挥县级职业教育中心在农村职业人才培养中的重要作用。一方面,应该开展全日制的农村职业教育,以满足农村社会发展的需要;另一方面,应该进行高层次管理人才的培训,以满足农村地区的需求。另外,要充分发挥办学优势,发挥辐射作用,把教师和设备作为农村成人教育和社区教育的核心支撑。

第三,农村社区教育是整合不同形式教育的重要平台,如职前教育、在职教育、职后教育和学前教育等,所以,要高度重视对农村社区进行建设,充分发挥其在农村教育中的重要作用。原则上,在乡镇一级,应每个乡镇都设立社会教育中心,并根据新形势下乡镇的合并和规模的扩大,逐步赋予其独立法人的地位,并通过相关指导方针,对社区教育的人员配置进行审查。对于一些较小的村庄或条件较差的地区,也可以考虑联合建设几个村庄,以使该市和该村成为该县中等和高等职业培训网络的重要枢纽。

八、构建"基于融合,县域统整,灵活自主"的一体化职业教育政策体系

政策本身具有时代性和条件性。因此,一个好的、动态的政策必须顺应时代发展的需要,积极进行动态调整,不断创新政策体系,营造支持职业教育发展的新政策环境。具体来说,构建一体化的职业教育政策体系应做到以下几方面:

第一,从生态链的角度来看,职业教育产学研深度融合政策环境的营造应以共享为导向的产学研深度融合政策理念为重点,坚持产学研深度融合共存的政策原则,构建以共建为导向的产教深度融合政策机制,构建以共同治理为导向的产教深度融合政策平台。因此,在制度配置和政策创新上,必须始终注重"融合",使城乡职业教育合作,培养县域经济社会发展所需的各级各类人才。

第二,在政策创新过程中,应允许并鼓励进行相关政策创新,使制定的政策更有针对性和动态性,实施效果更好。地方政府政策创新的目的是进行创新决策和政策实施,以提高职业教育的治理效率,提升职业教育的公共利益,从而适应新的区域或地方环境,满足区域或地方创新发展的需要和挑战。事实上,县级政府和行业也应该结合县域特点和行业需求,制定相关的管理规章制度。

九、形成"城乡融合,县管为主,乡镇自主"的均衡化职业教育管理体制

根据城乡职业教育和培训的需要,促进城乡职业教育的发展,使职业教育和培训、成人教育等教育机构的教育资源得到有序利用,优化资金配置,共享优质资源,人尽其才,物尽其用。

第一,要建立真正高效化的管理机构,统一管理城乡职业教育和成人教育。在行政权力和内容方面,设计地区一级的顶级职业培训、成人教育和市政教育发展规划;资源分配(教师和设备的统一安排和流动);设计和组织各种人员发展培训;促进、监督和评估地方职业教育和成人教育发展责任的落实方面的作用。

第二,必须要以县级为基础来进行城乡融合的职业教育管理,只有这样,才能真正落实发展职业教育和成人教育等的责任,从而实现统筹城乡均衡发展的目的。

第三,在县级统一管理的基础上,允许地方政府根据县级发展政策下限,结合当地实际,采取职业教育、成人教育和社区教育发展政策。

十、建立"产教融合,校企双主,协同有人"的多元化职业教育办学机制

在乡村振兴的背景下,要遵循教育生态学的规律和原则,紧紧围绕新时期农村经济社会转型发展和农业产业结构调整升级的新要求,构建农村职业教育产教融合发展生态系统,实现产教动态平衡和可持续发展。

为了满足振兴农村的人才培训需求,未来的职业教育和培训应围绕以下几方面进行:

第一,进一步明确企业的地位和同一所学校对职业培训发展的责任。要真正实现工业与教育相结合的目标和价值,必须在观念和理解

上有重大转变。这将有助于改变职业学校被动、困难和不稳定的发展状况,并调动企业参与职业教育评估过程的积极性。只有承担起个人责任,工学结合才能名副其实,才能促进校企合作深入发展。

第二,一方面要通过区县两级职业教育培训体系建设,适应乡村振兴背景下新产业、新形式、新模式和一、二、三产业融合发展对各级人才的需求;另一方面,通过各级职业教育与企业需求相结合,各级学校要充分参与高素质人才的培养过程,真正满足区域职业教育的需求。

第四章

乡村振兴背景下农村职业教育的定位与模式

第一节　乡村振兴背景下农村职业教育的定位

一、农村职业教育的正确定位

长期以来,人们仅仅把农村职业教育局限为农业技术教育,这样定位对建设社会主义新农村,实现全面建设小康社会的宏伟目标是不利的。合理的农村职业教育应进行如下定位,如图 4-1 所示:

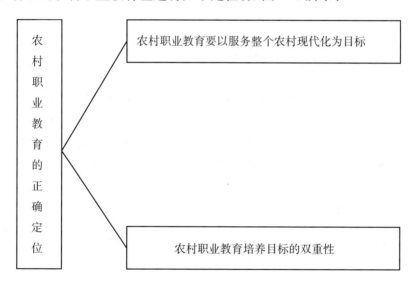

图 4-1　农村职业教育的正确定位

（一）农村职业教育要以服务整个农村现代化为目标

农村是个地域概念,人们常用"农业"代替"农村",甚至用传统的种植、养殖业代替现代农业和现代农村,这是小农经济的思维模式。农村的现代化不仅仅是农业的现代化,它包含了十分丰富的含义,至少包含了四层意思,如表 4-1 所示:

表 4-1　农村现代化的含义

四层含义	具体阐述
农业的现代化	一般指传统农业向现代农业过渡的过程
农村产业结构的现代化	现代的农村不再是传统农业一统天下,而是正朝着多元化产业结构的格局发展,农业是与现代科技、国际市场对接后出现的大农业,是以追求生态效益为基础、以科技为动力、以经济效益为目的的高效农业
农村城市化、工业化和劳动智能化	受小农意识的影响,我们在农村工业化、城市化道路的选择上,曾一度重蹈小农经济的覆辙,为农村的发展带来了诸多的消极后果。农村的现代化应该是农村城市化、工业化和劳动智能化
农民素质的现代化	现代化的农民素质应该包括农民的生理素质、科学文化素质、职业能力素质和思想观念素质等,农村的现代化只有建立在农民素质现代化的基础上才是坚实可靠的

（二）农村职业教育培养目标的双重性

现代农村职业教育的目标既是农村城市化、现代化、工业化的必然要求,也是农村职业教育培养目标面向现代化的必然选择,必须摆脱小农经济模式下单一为种养业服务的格局,逐步转变为适应农村现代化、工业化和城镇化的需要,构建为农村一、二、三产业提供全面服务的教育体系。在近些年的农村教育改革中,众多学者和实践工作者无不批判农村职业教育脱离农村实际,呼吁农村、农民教育要为当地社会经济发展服务,甚至强调农村学校要为农村培养能够"下地"的人才,而对农民及其子女"跳农门"感到忧虑。农村职业教育是围着传统小农经济的单一种植业打转转,还是为促进农村一、二、三产业的全面繁荣服务;是在一亩地上做文章,还是在广阔天地找出路,反映出在农村职业教育培养目标上的现代化程度。据调查显示,农民及其子女寄托在教育上的最大的乃至唯一的愿望,就是借助于学校改变自己的农民身份。户籍制度和不合理的"二元社会制度"是导致"千军万马过独木桥"的社会根源。农村职业教育应该肩负起以下两个任务,如表 4-2 所示:①

---

① 何云峰.农村职业教育与科技推广[M].北京:中国社会出版社,2006.

表 4-2 农村职业教育培养目标的双重性

培养目标的双重性	具体阐述
提高以农业为职业的人们的综合素质	在农村劳动力转移中,转向非农领域的往往不是"剩余劳动力",而是农村建设的主力,以至于不少地方呼吁要改变老弱病残搞农业的状况。如何解决这一矛盾,显然只有通过多层次、多渠道、多门类的农村职业教育培养各行各业的人才,满足社会不同方面的需要。我们在强调农村职业教育的分流功能时,也必须防止另一个极端,即认为农业是个简单工作,不需要高深的知识和技能。这种轻视农业科技教育的做法同样是十分有害的。农业需要各类优秀人才,不仅需要各类农业劳动技术能手成为农村的科技骨干,率领农民依靠科技发展生产,走科技致富的道路,也需要大批的农村农业科技人才,他们是新技术、新品种、新项目的研究者、引进者和实际操作者,同时需要各类管理人才和农业贸易人才。科学技术的发展使农业活动越来越智能化,对人的素质也就越来越高
转移农村剩余劳动力	目前,我国农村剩余劳动力非常多。要实现农村和农业的现代化,就必须大量地转移农村劳动力,这是农村现代化进程的需要,也是我国现代化进程的需要。办农村职业教育要充分地认识这一点,树立大农业发展观。农村职业教育的观念要从封闭传统的观念转变为开放的现代教育观念,充分认识职业教育的产业性和经济功能,为农村一、二、三产业的发展提供合格人才

二、农村职业教育定位的代表性观点

如果把关于农村职业教育定位的争论进行分析,可以概括成以下三种最具有代表性的观点,如图 4-2 所示:

(一)为当地经济发展服务论

这个观点的核心内容就是农村职业教育应以培养本土人才为目标,应当为促进地方经济发展服务。这一观点在当时,甚至在相当长时间内都具有代表性。在我国 20 世纪 80 年代职业教育刚刚开始恢复的时候,确定这样的定位是恰当的,顺应了当时我国各地经济恢复发展对人才的强烈渴望,较好地改变了当时农村劳动者的素质,尤其是改变了职业技能素质低,难以适应现代农业发展需要的状况。但从发展的角度来看,尤其是从新农村建设的视野来看,这一观点的局限性、片面性还是非常明显的,如果在我国社会发展的今天还依然坚持这一观点,那么就有偏"左"的味道了,甚至可以说它会在较大程度上阻碍农村职业教育的发展,影响农村职业教育功能的拓展。

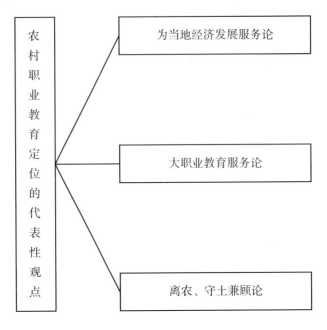

图 4-2 农村职业教育定位的代表性观点

（二）大职业教育服务论

有人认为,为农村发展的教育服务不能囿于在农村中发生与进行的教育,同时还应该包括在城市中进行的一切可能为农村发展服务的教育,体现多样化和综合化的特点。这种观点是值得肯定的。在经济发展、职业教育发展呈现区域一体化以及积极推进城乡经济社会统筹发展的今天,这种观点具有一定的先进性和时代意义。

（三）离农、守土兼顾论

"离农、守土兼顾论"就是一方面要为农村劳动力向城市转移就业培养人才,另一方面要为农村经济社会发展培养各类人才,而且,要根据当下我国农村剩余劳动力庞大的特点,以培养离开农村的人才为主。

这里的"离农"包括向城市永久性的转移,也包括季节性的,或者"候鸟式"的转移。这是一种中和的、有些新意,但容易引起歧义和争论的观点。其争论的焦点还是在农村职业教育究竟是应该为城市培养人才,还是更应该为农村培养人才,以促进农村地方经济的发展。

三、农村职业教育功能的定位

(一)现行农村职业教育功能定位的缺陷

职业教育对新农村建设,对促进农村人力资源开发应起怎样的作用和最终达到怎样的效果,许多学者已从各个层面进行了有益的研究,概括起来有以下几点:

第一,促进农业科技转化为现实生产力的功能。

第二,促进农民思想观念变革及培养社会主义新农民觉悟的功能。

第三,促进农村富余劳动力向二、三产业及城镇大规模转移的功能。

第四,促进农民综合素质,尤其是科技文化素质提高,培养新农民的功能。

第五,通过职业教育与培训促进农村人力资源开发的功能。[①]

这些功能从理论上说无可辩驳,但从现实的角度看,效果并不尽如人意,具体如下:

第一,农民的思想觉悟不是一个空洞的理念,必须有一个实实在在的载体。

第二,现行农村职业教育不但普及率低,且主要集中在小学及初中后的职前培训,大批青壮年农民在没有受到任何职业培训的情况下从事农副业生产或在极低的水平上实现向二、三产业的职业转换。

第三,大批基层农科站由于经费、人员等原因基本处于停滞状态,农业科技已失去一个向农民传播的基本中介,农业新科技无法为农民所接受和拥有。

另外,我国农业科技人才严重不足,同时也给农业和农村工作带来很不利的影响。农村、农民与农村职业教育的现实充分表明,上述职业

---

① 马建富.社会转型与中国农村职业教育发展道路的选择[M].北京:知识产权出版社,2014.

教育功能在农村的定位较难取得预期的成效,因此上述功能也就只能是一种理论假说,而难以得到实证研究的支持,假说也就失去了构建的意义。

（二）我国农村职业教育的功能定位

我国农村职业教育的功能定位主要表现在以下几方面,如图 4-3 所示：

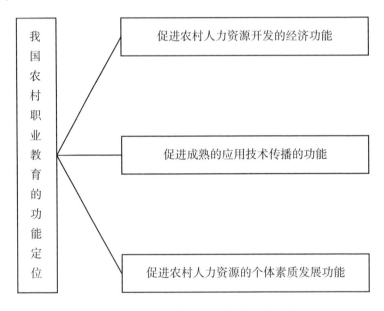

图 4-3　我国农村职业教育的功能定位

1. 促进农村人力资源开发的经济功能

职业教育对农村人力资源开发的意义主要表现为以下几个层面：
第一,促进农村人力资源资本化。
第二,促进农民改善与自然的关系。
第三,促进农户兼业化的就地普及。
第四,促进农村剩余劳动力的有序转移。

2. 促进成熟的应用技术传播的功能

严格地说,狭义的职业教育应该是一种成熟的应用技术教育。目前,职业教育理论界的普遍观点是"发展农村职业教育,促进科技转化"。科技转化率,是指科技成果在生产中的普及程度和贡献份额。我国每年约有 6000 ~ 7000 项农业科技成果问世,转化为现实生产力的约为 30% ~ 40%,与发达国家的 70% ~ 80% 相距甚远。其重要原因之一是农业科研成果的有效需求不足,而有效需求不足与农民的科技文化素质较低,对农业科研成果的消化吸收能力较弱有密切关系。要改变这种农业技术转化率的状况,其中一个重要的途径就是通过大力发展农村职业教育,促进这种农业科技成果向生产力的转化。然而,比起农村职业教育所育人才更具这种科技转化能力的农业大专院校的毕业生却出现了就业难的状况,一方面是许多基层农科所(站)严重缺编,另一方面是农业大学生被改行到普通中学当生物教师等。

农民是保守的,农民的经济、经营能力也决定了他们难以承担较大的风险,因此,农村职业教育的任务应是传播、示范已经转化成熟的农业科学技术,以适应我国农业由自然经济向现代产业转化过程中的实际状况,而农业的这种转型较之工业的转型更为缓慢,周期也更长。例如,蔬菜的大棚生产技术可以通过职业教育进行普及,而蔬菜的无土栽培与企业化的生产模式在相当长的时间里恐怕还无法通过职业教育走进农村的千家万户。

农村职业教育要取得实效,应立足于成熟的农业技术的传授上,其次才是现代农业科技的基础理论。我们认为,农业科技成果向现实生产力的转化应该属于高等农业职业教育的范围,在农村初、中等职业教育尚未被农民普遍认同的情况下,超前地盲目提倡这种"科技成果转化"论,对农村职业教育功能的定位与发挥是无益的。

3. 促进农村人力资源的个体素质发展功能

成熟实用农业技术的传播功能作为经济功能与农民的个体素质发展功能之间的中介,其意义主要表现为以下几方面:

第一，它是农村职业教育实现其经济功能的现实途径和直接方法。

第二，它可以使农民直观地看到职业教育的作用，并主动地接受教育。

农民素质的核心是技术，我们常说农民文化素质低下，妨碍了农业技术的传播与应用，这里的"文化"含义太广，而且只是农民获得技术的一个基础，帮助农民获得一种或几种技术资源，农民如果从这种资源的利用中获得好处，就会努力去获取相关的文化要素，农民的素质发展也就有了一个有效的支点。

概括来说，农村职业教育主要应从下列三个方面来提高农民的综合素质。

（1）要促进农民产业意识的萌芽和产业经营能力的提高。几千年的小农经济使农民普遍缺乏现代农业产业的概念，这严重制约了我国农村农业的发展，尤其是"入世"之后，我国的农业面临着更加严峻的挑战。比如美国的大豆以其质优价廉而被大量进口，已造成我国著名的东北大豆的严重滞销，而我国大蒜等蔬菜品种的出口，近年来又受到日本贸易保护壁垒的严重冲击。这除了受世界贸易规则的制约外，我国农民如何适应市场，也是一个很大的问题。目前，我国农业产业化经营的类型主要有以下几种，如表4-3所示：

表4-3 我国农业产业化经营的类型

类型	具体阐述
公司企业带动型（公司＋基地＋农户）	就是以某公司企业为主导，以农产品加工、运销为"龙头"，围绕一种或几种产品，将自己的生产基地和农户实行有机联合，进行一体化经营。这种体制下的农户只要按合同向公司企业交售产品即可，所需的自主经营意识、能力与风险都最小
专业市场带动型（专业市场＋基地＋农户）	就是以农产品专业市场为依托，发展连片的农户进行相对专业的生产，自主进场交易。这种体制下，农户需要有较强的成本、质量、品种、销售等意识和能力。但在一个区域和一个时期内，风险控制相对较易
主导产品带动型（主导产品＋农户）	就是利用当地资源，在政府或市场的引导下发展区域主导产品。这种体制下，农户要承担较大的政策风险和市场风险。政策风险如前些年在一些地区出现的政府不按合同收购棉农的棉花，或压级压价收购，或打白条收购。市场风险如黄岩蜜橘、莱阳凤梨等果品由于严重供大于求造成价格暴跌，等等。这些高风险需要农户有系统的产业意识和产业经营能力

尽管如此，农户依然是上述产业类型的基础，农民产业意识和经营能力的高低强弱，既对农户自身的利益产生影响，更影响着农业产业的

整体利益,况且上述产业类型目前在数量和质量上都还远远达不到现代发达国家农业产业化的基本水平。比如以色列的生态型农业、美国的规模型农业,其共同点一是完全市场化,二是完全现代化,三是经营管理的企业化。我国在农户作坊式农业依然是主流的情况下,促进农民产业意识的萌芽和产业经营能力的提高,可以为今后农业生产的规模化、企业化储备雄厚的符合产业化要求的人力资源。比如浙江等地已出现了一批懂技术、知市场、会经营的农民,他们通过"土地使用权流转"的形式而获得了一定的农副业生产的产业规模,这正是农业产业化的基本雏形,是农业产业结构调整发展的方向。

(2)要促进农民先进思想文化理念的建立。城市化的比例是衡量一个国家现代社会经济增长和社会文明程度的标尺之一。随着新型城镇化的推进,农民工市民化正呈现如火如荼之势。在当前尤其需要树立下列几种基本理念,如表4-4所示:

表4-4　农民的先进思想文化理念

思想文化理念	具体阐述
"终身学习"的理念	农村职业技术教育作为最新科技与农民之间的纽带,必须吸引农民不断地从教育中获取新的技术,树立"终身学习"的理念,只有这样,农民才会主动学习,终身学习
"知识致富"的理念	拥有知识,就拥有了在21世纪获取最佳经济利益的现代资源。要让农民明白,在知识经济浪潮席卷全球的时代,知识就是财富
"现代生产"的理念	"现代生产"包括现代化的生产技术、现代化的生产方式和现代化的经营管理等方面。没有这种现代化的生产理念,农民就会一直在小农经济的泥淖中苦苦挣扎
"全球竞争"的理念	加入了"WTO"就意味着全球竞争,著名农民问题专家温铁军在《当"三农"遭遇WTO——十年试验的反思与入世后的对策》中说:"加入世界贸易组织意味着要用世界通行的贸易规则来改造我国,这之中非常关键和重要的是改造农民。"这种对农民的"改造"不只是让他们了解什么是"WTO",而是要让他们具有全球农业并加入其中进行竞争的意识

(3)要促进农民对自身发展问题的自觉关注,提高他们的自我可持续发展能力。农民是我国国民的主体,为中华民族的发展壮大做出了巨大贡献。然而,在现代科技的冲击下,农民成了一个弱势群体,农民问题已经成为国家需要解决的一个重要问题,国家也出台了一些政府来帮助农民解决其出现的一些问题,然而,这些政策的出台不能从根本上解决农民问题,要想真正解决这一问题,必须提高农民的意识,要让他们从

根本上认识到自身发展存在的问题,提高他们的自我可持续发展能力。为此,必须要提高农村的职业教育,农村职业教育对农村人力资源开发功能的发挥不是孤立的一项教育事业,必须成为国家、地方政府积极引导并给予政策、资金、资源等方面扶持的一项社会系统工程。

四、农村职业教育服务的定位

在推进乡村振兴战略中,农村职业教育培训是不可或缺的,要正确定位和构建城乡职业教育培训支持体系,促进农村人力资源开发。

(一)农村职业教育与新型职业农民培育

1. 乡村振兴背景下新型职业农民培育存在的问题

新型职业农民的成长离不开教育培训,尤其是农村职业教育。然而,目前我国农村职业教育在培养新型职业农民方面还存在许多不足,不能保证乡村振兴的人才需求,具体表现在以下几方面,图4-4所示:

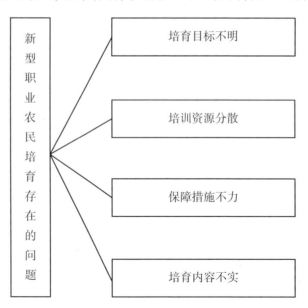

图4-4 新型职业农民培育存在的问题

（1）培育目标不明。培育目标不明的问题主要表现在以下几个方面：

第一，农村职业教育中的脱"农"现象普遍存在，即在许多农村职业院校中没有设置与农业相关的专业，即使设置了相关专业，理论性也非常强，没有根据农村的实际情况进行教学，以致不能满足农村发展的现实需要，更不能培养出具有良好素质的人才。

第二，随着我国农业现代化的不断发展，广大农民对培训的需求越来越高，但在农村开展的职业培训非常少，即使有也多为一次性授课，教学效果非常不理想。

第三，乡村振兴需要农村第一、第二和第三产业的综合发展，这需要对农民进行整个农业产业链的知识和技能培训。然而，这方面的培训少之又少，显然不能满足我国乡村振兴的需要。

（2）培训资源分散。培训资源分散主要表现在以下几个方面：

第一，教育、金融等部门都参与农民的培训，但各自为政，根本没有形成统一的规划和管理，这就导致培训资源分散，尤其是资金短缺和有限资金的过度分散，对农民的培训质量极为不利。

第二，职业教育中心、技校和社区教育中心分别对农民进行培训，但他们之间缺乏有效的沟通机制，结果导致培训出现重复的现象，培训效果较差。

（3）保障措施不力。农村的土地制度、培训师资以及培训资金等都是培养新型职业农民的关键要素，然而，目前我国农村出现了大量的中青年人离开农村而到城市中去发展的现象，这在一定程度上反映出，目前农民的身份还相对偏低，农民的收入也相对低下，农村的土地制度、农村的培训师资以及培训资金等都存在不完善的地方，这从侧面说明了我国对农村的保障措施不力。

（4）培育内容不实。调查发现，很多地方农村的培训内容是政府相关部门制定的，其与农村的实际情况相脱离，所以培训效果较差。此外，很多培训都是一次性的，教学内容也不具有系统性，这也制约了农民培训实践教学和示范教学的发展，使培训缺乏连续性和长期有效性。

2. 新型职业农民培育的职业教育应对措施

新型职业农民培育的职业教育应对措施主要包括以下几个方面，如图4-5所示：

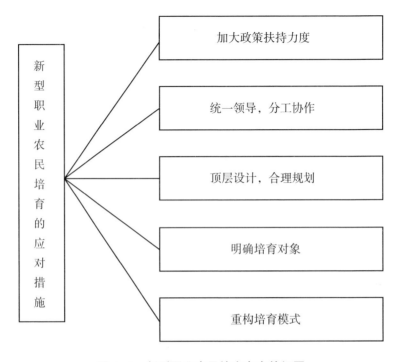

图 4-5　新型职业农民培育存在的问题

（1）加大政策扶持力度。加大政策扶持力度必须要注意以下几点：

第一，制定相关政策法规，增强对新型职业农民的吸引力。让农民对自己的职业有足够的理解和信心。

第二，目前，我国农村土地流转主要是农民自发的行为。由于缺乏有效的组织和管理，只能通过口头协议进行承包和租赁。因此，政府应尽快建立土地流转制度和土地承包经营权股份制。

第三，尽快研究制定职业农民认定标准，落实登记制度。

第四，建立新的农民职业培训体系。

（2）统一领导，分工协作。

第一，在深入调查的基础上，根据各培训科目的实际情况和对农民培训效果的评估，制定统一的培训方案。

第二，制定和实施新的农民职业培训计划和激励机制，促进农民职业培训。政府可以提供优惠政策，支持社会信誉良好、学校管理规范的培训机构。

（3）顶层设计，合理规划。

第一，根据农村的实际情况确定农村职业教育的范围等。

第二,要根据当前形势和本地区农村、农业和农民的实际需要,合理分配资金。建立科学、统一、合理的职业学校和农业培训机构布局,及时优化,使之适应经济社会发展。

第三,接受政府和社会的公众监督,形成规范、开放、可持续发展的社会,培育农民专业化、柔性化、有序化的新模式,为实施乡村振兴战略创造新的动力。

(4)明确培育对象。

农民是乡村振兴的主体,在充分运用有针对性的扶贫政策的同时,要注重教育培训,制定培训目标,准确培训,创新农民职业培训新模式,把教育培训的内容和方法与农民的实际需要有机结合起来。因此,培训机构在培训前应做好以下工作。

第一,深入研究农业产业结构、主导产业和农民在种养过程中遇到的技术问题,对研究成果进行分类总结。

第二,根据培训内容配置培训师资。建立一批兼具理论教学能力和实践指导能力的农民教育培训师。

(5)重构培育模式。重构培育模式主要包括以下几种,如图4-6所示:

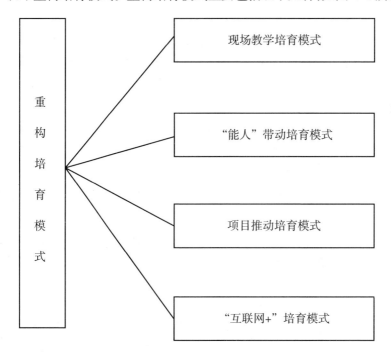

图4-6　重构培育模式

①现场教学培育模式。现场教学培育模式是帮助农民脱贫致富的有效途径。重点是对参加培训的农民、农业企业和农村农业培训示范基地进行讲解、示范和答疑。重点是解决农民在生产中遇到的实际问题，推广应用农业新技术。该模式具有以下特点：

第一，该模式以农民自愿、服务产业、科技支撑、规范管理为基础，组织农民实践，培养目标明确。

第二，培训内容易学、实用、有针对性。

第三，培训材料易于理解。

第四，训练时间短且灵活。

第五，教师培训具有较强的实践经验和操作能力。

②"能人"带动培育模式。"能人"带动培育模式是指从种养殖大户、农业技术人员、家庭农场主、现代农业企业负责人等在生产经营、职业技能、社会服务等方面取得成功的新型专业农民中选拔具有鲜明特色和创新精神的"能人"群体，作为引导农民自主学习农业生产、加工管理、营销等技术的典型示范，提高农民就业创业能力，增加农民收入。这种模式更接近农民的实际需求，对农民来说很容易接受，而且可以用更少的钱做更多的事情。根据当地产业发展情况，农民教育培训机构可以优先培养具有创新思维、灵活思维和较强致富能力的农民，可以定期聘请农业龙头企业的技术骨干、农业协会的"地方专家"等成功为农民代言的新型专业农民，为农民提供专业技术培训课程，用人才引进人才，实现共同富裕的目标。

③项目推动培育模式。项目推动培育模式是指通过提高农民素质、丰富农民知识等课堂教学方法和手段，提供现场指导、参观和项目培训，提供产销一体化的综合服务。选择合适的项目对于提高模型的有效性非常重要。因此，应该首先调查农民的种植需求，然后由各级政府和农业专家结合研究数据和区域产业结构发展项目进行测试。通过试点，可以组织农业、科教等力量开展大型项目的培训和实施，增强教育培训的辐射功能。通过该项目的实施和推广，建立集生产、加工、销售为一体的农业生产经营体系。

④"互联网+"培育模式。"互联网+"培育模式是指利用互联网技术对农民进行职业教育和培训。该模式是一种新型的教育服务模式。对于农民来说，"互联网+"可以实现人人都可以学习，随时随地都可以学习。该模式根据农民的实际需求，通过网络技术平台建设，开发培训

信息资源,建立国家、省、市(县)、乡村四级网络服务体系。

(二)农村职业教育与返乡创业农民工培训

1.返乡农民工培育新型职业农民的机遇与优势

(1)返乡创业农民工培育新型职业农民的机遇。

第一,国家政策支持。在乡村振兴的背景下,农民应适应现代农业的发展,并具有适当的规模。乡村振兴的关键在于人,农民是乡村振兴的主力军。因此,迫切需要培养一支懂农业、爱农村、爱农民、具有一定学习、管理和应用新技术能力、具备互联网基础知识的新型农民专业队伍,这是准确把握乡村振兴的内涵,鼓励和吸引农民工返乡创业的一项重要举措。在深入了解国内外经济形势的基础上,各级政府制定了一系列扶持政策,鼓励和引导农民工返乡创业。党和政府在土地、资金、技术、培训等方面对返乡农民工的政策支持,以及一系列农业优惠政策的实施,有效改善了返乡农民工创业的软硬件环境。

第二,城市的推力和农村的拉力共同作用。主要体现在以下几个方面:

首先,农村环境和交通、通讯、电力等基础设施不断改善城乡之间的距离缩短了。

其次,城市企业的减少和下岗职工的增加,导致城市就业压力和农村就业机会的增加;农民工在医疗、子女教育和社会保障方面无法与城市居民享受平等待遇。

(2)返乡创业农民工培育新型职业农民的优势。

首先,返乡创业的农民工大多是中青年,年龄集中在40多岁和相对年轻的年龄段。考虑到成本和收益,他们愿意放弃目前的工作收入,投资于人力资本。

其次,研究表明,农民工经验可以促进创业活动,有农民工经验的农民工返乡创业的概率高于没有农民工经验的农民。

最后,返乡创业的农民工受教育程度较高。受过高等教育并返乡创业的农民工具有更好的学习能力、发现创业机会和收集创业所需信息的能力。

农民工返乡创业可以给农村带来新的活力,是激发农村社会价值观的重要力量。

2.返乡农民工培育新型职业农民的挑战

返乡农民工培育新型职业农民的挑战主要包括以下几方面,如图4-7所示:

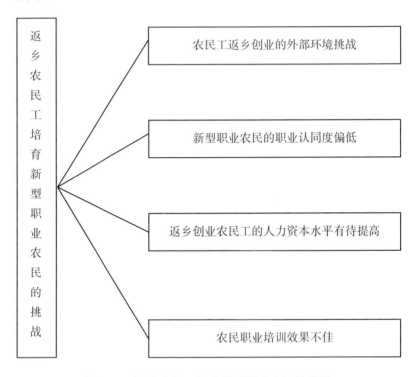

图4-7 返乡农民工培育新型职业农民的挑战

(1)农民工返乡创业的外部环境挑战。具体来说,农民工返乡创业的外部环境挑战主要包括以下几个方面,如图4-8所示:

①政策支持力度不够,政策落实不到位。目前,很多地方都有文件规定,每个返乡创业的农民工都应该得到一定的补贴,每吸纳一名就业者再增加一定的补贴,但一般都有上限。这些补贴对于返乡创业的农民工来说太少了。财政资金分散于不同部门,难以形成协同效应支持返乡农民工创业。许多更高级别的政府只负责制作文件,对返乡农民工创业支持的财政负担由市、县承担,这完全取决于市、县的财政状况。对于财

政困难的市县来说,这虽然是一个好主意,但不能真正落实。

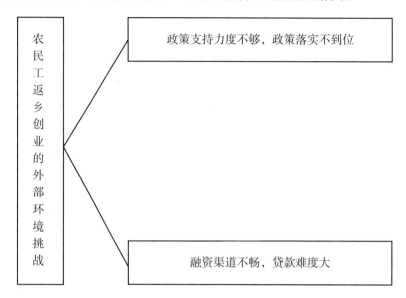

图 4-8　农民工返乡创业的外部环境挑战

②融资渠道不畅,贷款难度大。巧妇难为无米之炊,高昂的创业成本和融资困难是返乡农民工创业的主要障碍。创业需要大量资金,返乡农民工的资金有限。一般来说,他们需要贷款来获得创业资金。然而,目前我国金融市场面临着贷款门槛高、抵押条件苛刻、缺乏有效的抵押担保、农民工返乡贷款手续复杂等问题。大多数返乡创业的农民工在创业初期主要依靠亲戚朋友的储蓄和贷款筹集创业资金。一方面,融资困难会影响返乡农民工的创业积极性。另一方面,也将使返乡农民工创办的小微企业面临资金链断裂和破产的风险。

(2)新型职业农民的职业认同度偏低。随着现代农业一、二、三产业的融合发展,农产品加工、休闲农业、乡村旅游和农产品网上销售将成为农民工返乡创业的选择,但返乡创业的农民工比例仍然较低。尤其是在发达地区。返乡创业的农民工主要集中在第二产业和第三产业。返乡农民工不选择创业有很多原因,其中新型职业农民的职业认同度低是一个重要原因。

职业认同是个体在与职业环境的互动中对职业价值和意义的理解。职业认同在个人职业选择中起着引导作用。当社会认识到新型职业农民的价值时,这个职业群体将具有更高的社会地位和吸引力;只有当个人意识到这个职业的价值时,他们才愿意长期从事这个职业,更有可能成为合格的新型职业农民,当一个人缺乏身份时,他/她会选择逃避。所以说,提高全社会对农民的职业认同度具有重要意义。

(3)返乡创业农民工的人力资本水平有待提高。与留守农民工相比,返乡农民工具有比较优势。他们大多灵活多变,敢于突破,努力工作,有一定的资金、技术和经验积累,创业意识强。然而,他们往往有经验和知识,缺乏农业投资、经营和管理方面的知识和能力。总体而言,返乡农民工的人力资本水平不高,影响了其创业行为的实际实施。舒尔茨强调,要改变传统农业,我们必须对农民的人力资本进行投资。农民的技能和知识与农业生产力正相关。

(4)农民职业培训效果不佳。长期以来,在城乡二元体制的影响下,各级政府"重城轻乡"。各培训主体仅满足于完成数量指标,培训内容和培训方法不能满足农民的实际需要,培训效果不理想,在新的职业培训中表现出很大的不适应。

①农村职业教育功能定位不清。定位不清,导致农村人力资源枯竭,农村贫困代代相传,难以完成扶贫任务,具体来说应做到以下几方面。

第一,农村职业教育必须为新型城镇化建设培养和转移劳动力,使农村剩余劳动力能够转移,更好地满足城市就业需求。

第二,要在"四化"同步发展中,培养"三农"人才,弥补农业现代化的不足。

②农村职业教育体系结构不完善。

第一,城乡职业教育体系二元割裂。城市职业培训分布不均,发展水平参差不齐。

第二,农村学前教育和公司内部培训不能"两条腿走路"。

第三,现有的培训没有进行分层分类,培训主题之间的联系没有明确,重复培训频繁,培训的相关性不足以满足农民的实际需求。

第四,远程培训网络并不完善。无论何时何地,"互联网+"职业培训都深深扎根于人们的心中。然而,许多农村职业教育和培训还没有建立"互联网+"职业培训平台,还没有意识到农民的愿景,不能使其随时随地进行学习。

3. 返乡农民工培育新型职业农民社会支持体系的构建

返乡农民工培育新型职业农民社会支持体系的构建主要包括以下几个方面,如图 4-9 所示:

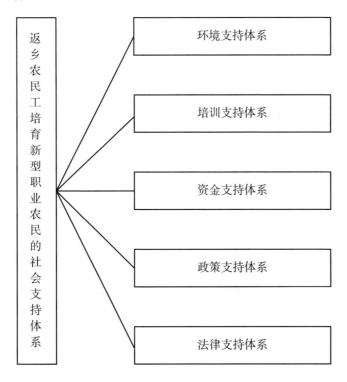

图 4-9 返乡农民工培育新型职业农民的社会支持体系

（1）环境支持体系。返乡创业的农民工是我国新型职业农民的主要来源之一,但与城市相比,落后的农村基础设施和社会保障,尤其是农村医疗保障和儿童教育之间的差距,严重阻碍了高素质人才回归创业。有数据表明,在其他条件大致相同的情况下,新型职业农民的收入可以达到社会平均收入水平,农村基础设施和社会保障健全舒适。由于自然环境的好处,这一景观可以吸引高质量和有抱负的年轻人参与农村地区的农业生产和创业。因此,农村要加强基础设施建设,缩小城乡差距,特别是普及农村互联网,完善农村儿童医疗保险制度。

（2）培训支持体系。

第一，建立健全现代农村职业教育体系。

第二，为了提高培训效率，除了对返乡农民工进行创业前培训外，还应该建立一个支持创业期间和创业后监督和后续服务的系统。

（3）资金支持体系。无论是外部环境的改善，还是教育培训的改善，都离不开资金的支持。农民工返乡后不创业或者创业遇到的最大困难是缺乏资金支持。因此，我们迫切需要建立一个金融支持体系，将返乡创业农民工培养成新型职业农民。具体来说，应该做到以下几方面：

第一，加大农村基础设施建设投入。加大道路、水、电、气、电网通信等配套设施投入，改善农村投资困难环境，吸引一批高素质农民工返乡创业。

第二，设立返乡农民工创业培训专项基金，全面搭建精准服务平台。

第三，根据教育成本分担、受益和承担的原则，政府应创造必要的条件，吸引利益相关者参与返乡农民工创业培训，但培训资金不能完全免费提供。

第四，对返乡创业的农民工给予税收优惠支持，这样可以有效减轻返乡创业农民工的税收压力。

第五，完善农村金融体系，拓宽融资渠道。

（4）政策支持体系。

第一，建立规范化、标准化的培训机制，加强返乡农民工职业培训的规范化管理。

第二，通过税收、补贴和激励政策，鼓励农业企业参与农民工返乡创业培训。

第三，通过成立"返乡创业协会"，实施"回引工程"，鼓励有创业意愿的农民工返乡创业。

第四，实行新型职业农民职业资格证书制度。

第五，政府采取购买培训成果的政策，调动各培训主体的积极性和主动性，确保培训质量。

（5）法律支持体系。我国各级政府对农民工返乡创业和培养新型专业农民出台了许多相关指导意见，但有些策略难以实施，农民工返乡创业仍然困难重重，这与中国缺乏相关法律支持有关。因此，需要通过相关立法，鼓励农民工尽快返乡创业，培养新型职业农民。根据返乡农民工的特点和我国区域经济的差异等制定《返乡农民工涉农创业职业培训法》,可以为农民工返乡创业、成为新的职业农民创造良好的社会环境和良好的法律基础。

第二节 乡村振兴背景下农村职业教育的模式

一、农村职业教育模式的内涵

农村职业教育模式集中地回答了一定历史时期,某一个国家(地区)农村职业教育的发展道路问题,既有理论上的抽象性,也有实践上的易传播性和可操作性,因此,在农村职业教育研究中一直备受关注。要研究农村职业教育模式,首先就要对这个概念进行清晰界定,但这却是一件难事,主要表现在以下几方面:

第一,对什么是"农村""农村职业教育"等概念,不同研究者和实践者存在不同的理解。

第二,随着社会和教育发展形势的不断变化,这些概念的内涵和外延在不断变化。

第三,不同层次、类型"模式"的抽象性、概括性、实践性不尽相同,其内涵、外延和要素结构也存在较大差异。

鉴于此,我们有必要先对相关概念做出说明,最后才能对"农村职业教育模式"做出界定。

(一)农村

"农村"是一个和城市相对应的概念,可以从地理学、人口学、社会学、经济学、行政学等多个角度解释。"农村"也是一个动态概念,在城镇化快速发展的今天,一些经济社会发展水平较高的"新农村"已经同城镇没有清晰的地理界限和实质区别,难以在两者之间做出明显区分。

（二）农村职业教育

职业教育是培养技能型人才的一种教育类型。"农村职业教育"不是"农村"和"职业教育"的简单叠加。关于农村职业教育的概念在本书的第一章第二节中已经进行阐述了，这里不再赘述。

（三）农村职业教育模式

"模式"侧重于从实践角度形成一种既具有一定理论抽象性、概括性，同时又有较强操作性的、可以在实践中被广泛传播的一种"照着做"的样式。换言之，"模式"既可以是对实践中那些具有稳定结构和典型特征的问题解决方案的抽象概括和简洁表达，也可以是基于人们理想化的构建，而后在实践中不断完善最终形成的样式。所以，从"模式"形成的方式上看，它可以在实践活动开始之前主动建构起来，但必须在实践中得到检验和认可，具有可传播性；也可以是对实践中那种特点鲜明、有效的问题解决方案和农村职业教育发展道路，经理论抽象后形成的一种简约化的理论表达方式。[①]

根据以上分析，我们可以把农村职业教育模式概括为：体现某种教育理念或在一定的教育思想指导下，在实践中逐步形成或经由研究者、实践者主动建构，并能够在实践中得到检验和传播的、有效的关于农村职业教育发展的综合方案。它主要回答了农村职业教育到底该如何发展的关键问题，具有较强实践指导意义。

二、农村职业教育模式的类型

在我国农村职业教育发展过程中，出现了许许多多的模式。从已有研究可以看出，不同称谓的农村职业教育模式，其分类标准、内涵大小、概念层次等，均存在很大的差别。要厘清这些模式之间的相互关系，就必须对其进行相应的类型划分。目前，学界对农村职业教育发展模式分

---

① 马建富.社会转型与中国农村职业教育发展道路的选择[M].北京：知识产权出版社，2014.

类研究较少,已有研究的分类标准和方法也比较混乱。雷世平在《我国
农村职业教育发展模式浅析》一文中,对我国农村职业教育发展模式做
出了如下分类,值得借鉴。[①]

第一,根据促进农村不同区域发展的目标分类产生的宏观综合发展
模式,把农村职业教育发展模式大致分为适应环都市经济圈的"都市服
务型"发展模式、适应经济发达地区的"资源开发型"发展模式以及适
应经济不发达地区的"反贫困型"发展模式三种。

第二,根据农村职业教育不同办学主体的组合产生的各类微观发展
模式,主要包括校企、校乡、校县、校会、校站所、校校等办学模式。

第三,根据农村职业教育开展的切入点不同产生的各类发展模式,
包括学历教育与培训并举模式、三教统筹模式、农科教结合模式、农村
劳动力转移培训模式。

尽管这种分类并没有、也不可能囊括我国农村职业教育发展的所有
模式,但它提供了一个较为清晰的、有参考价值的基本分类标准和框架。

三、农村职业教育模式的特征

农村职业教育通过职业人才培养、科学知识传播、劳动力职业技能
培训等为农村经济社会发展提供教育支持,具有很强的地域特征。我国
幅员辽阔,农村社会发展存在严重的不平衡性。总体上看,农村职业教
育发展模式呈现出以下特征,如表 4-5 所示:

表 4-5　农村职业教育模式的特征

特征	具体阐述
地域性	尽管随着社会的发展变化,农村职业教育的内涵、目标、对象、办学方式、内容、管理体制等都发生了巨大变化。但是,即使是在城乡一体化快速发展的今天,在县域内举办的各种类型的职业学校教育和农村劳动力职业技能培训,其主要对象大多数还是农村居民,主要目的是为农村社会经济发展培养职业人才。因此,不管具体建构或选择了怎样的农村职业教育发展模式,这种"量身定做"的模式必然具有明显的地域特征

---

① 马建富.社会转型与中国农村职业教育发展道路的选择 [M].北京:知识产权
出版社,2014.

续表

特征	具体阐述
多样性	农村职业教育模式的形成受多种因素影响,如职业教育办学主体的实践精神和创新能力、地方政府对职业教育的支持力度、企业和社会参与职业教育的广度和深度,等等。我国农村经济社会发展水平、农村职业教育发展水平存在巨大的地区差异,这种差异性、不平衡性,在很大程度上制约了不同地区农村职业教育发展模式的建构和选择。虽然一些成功的农村职业教育发展模式可以在一定范围内传播,但这种学习和借鉴并不是简单地照搬和复制,需要结合自身的条件和发展需要进行有针对性的改造。因此,从严格意义上说,在不同的农村地区并不存在一模一样的职业教育发展模式,只可能在某种程度上存在职业教育发展模式的"家族相似性"。农村职业教育发展环境、发展形势的变化等决定了农村职业教育发展模式的多样性
稳定性	"模式"在形态上是由一些要素结合而形成的稳定样式。一个教育模式的形成,需要一个实践探索和检验的过程。当一个教育模式被成功建构或选择后,就会在一个较长的历史时段内稳定地发挥作用。如果这种稳定性渐渐地被退化为一种墨守成规、因循守旧的惰性,就可能由此出农村职业教育发展的"路径依赖""路径锁定"
动态性	农村社会在发展,农村职业教育也在发展,某个历史时期一种成功的职业教育模式很可能随着形势的变化而渐渐失去发展活力。"稳定"是阶段性的,是相对的,并不存在某种一成不变的农村职业教育发展模式,它需要与时俱进,在理论研究和实践探索中不断创新

四、我国农村职业教育模式的历史沿革

（一）新我国成立至改革开放前的农村职业教育发展模式

从中华人民共和国成立到改革开放前,我国农村教育的重点是农民文化扫盲、农民政治教育、社会教育以及普及农村基础教育,农村职业教育总体上没有得到足够的重视。但也形成了一些具有时代特点的农村职业教育发展模式,如表4-6所示:

表4-6　新中国成立至改革开放前的农村职业教育发展模式

发展模式	具体阐述
农村业余教育模式	中华人民共和国成立之初,百废待兴,政府无力发展正规的农村职业学校教育。农村业余教育成为农村职业教育的重要载体。农村业余教育主要由农村地方政府组织领导,其他人民团体协助,以不耽误农业生产、以民教民为原则,以冬学、短训班、农民夜校等形式举办

续表

发展模式	具体阐述
社来社去模式	1962年,农业部发出了《关于中等农业学校几个问题的意见》。在这一文件中提出,中等农业学校应继续贯彻执行"调整、巩固、充实、提高"的八字方针,要试办从公社招生,毕业后仍回公社去的班级,为农村人民公社培养农业技术人才。"社来社去"模式,为我国农村发展培养了一批能长期扎根农村、服务农村的职业技能型人才
半农半读模式	1965年3月,教育部在北京召开全国农村"半农半读"会议。会议总结交流了各地试办"半农半读"学校的经验,强调在办好全日制学校的同时,试行"半农半读"教育制度。会议提出今后农村教育革命的任务是:试行全日制和耕读小学两条腿走路,普及小学教育,积极试办半农半读中等技术学校
农业中学模式	举办农业中学是我国农村职业教育发展的一项创举。1958年,江苏省海安县双楼乡建立了新中国成立后的第一所农业中学。此后,各地纷纷效仿建立农业中学,农业中学迅速在全国范围内普遍建立。农业中学从1958年创办到1966年停办,虽然只有短短8年的历史,但在我国农村职业教育发展史上写下了浓墨重彩的一笔

以上这些农村职业教育发展模式,使这一时期的农村职业教育发展表现出如下特点:

第一,农村职业教育"农民办",农民是农村职业教育的办学主体。

第二,因陋就简、因地制宜灵活地发展农村职业教育。

第三,以服务农村、服务农民为宗旨,根据农村社会发展需要,举办形式多样化的农村职业教育。

第四,强调农村职业教育的社会服务功能,个体发展需要没有得到重视。

第五,重视扩大办学规模,不重视提高办学质量,教育发展规律没有得到应有的尊重,农村职业教育办学受政治运动影响较大,不能稳定、健康地发展。

(二)20世纪80年代的农村职业教育发展模式

在这一时期,随着经济的快速发展,我国农村职业教育事业也得到了快速发展,并在这一过程中形成了一些比较典型的发展模式,如表4-7所示:

表 4-7　20 世纪 80 年代的农村职业教育发展模式

发展模式	具体阐述
三教统筹模式	普通教育、职业教育、成人教育"三教统筹"是 20 世纪 80 年代中后期为适应农村教育综合改革而提出的一种管理模式。如何结合自身情况进行三教统筹，全国不少地方进行了积极探索。三教统筹在发展过程中，形成了一些具体的统筹模式，主要包括"三位一体型""衔接型""联合型""主体延伸型""外分内统型"等。三教统筹模式在实际运行过程中尽管暴露出了教育行政化色彩浓厚、功利色彩强烈等不足，但它对农村地区尤其是经济发展落后的农村地区，综合利用教育资源，积极发展农村职业教育，密切农村职业教育与经济社会发展的沟通联系，发挥了重要作用
农科教结合模式	农科教结合是指在农业和农村发展建设的过程中，将经济发展、人才培训和科技推广结合起来，通过政府的统筹安排，形成科教兴农的强大合力，从而推动农村的不断发展。农科教结合既是我国农村教育综合改革的一种重要模式，也是我国农村职业教育发展的一种富有创新精神的模式，对我国农村职业教育的长远发展产生了重要的、积极的影响。在农科教三结合实施过程中，各地结合自身情况，因地制宜创造出了多种具体的农科教结合模式，如"巡回宣讲型""结链帮扶型""基地辐射型""示范引路型""市场交流型""联合攻关型""协会合作型""产教结合型""综合培训型""综合服务型"，等等。这些模式具有很强的实效性，有效地推动了农村职业教育的发展
上挂、横联、下辐射模式	在探索农科教结合、三教统筹的实践过程中，一些农村职业教育学校结合自身特点，探索适合本校的发展道路。其中，率先由河北省南宫职教中心在总结自身办学经验基础上提出的"上挂、横联、下辐射"模式就比较具有代表性。所谓"上挂"，是指与一些科研机构或者是大专院校挂钩；"横联"就是与当地的林业局、农业局等部门建立横向的联系，通过承包、聘用等形式进行合作；"下辐射"就是以定向培训、逐级培训、农时培训等方式，向学生和农民推广新知识、新技术。在国家政策的推动下，这一模式得到了广泛传播和运用

（三）20 世纪 90 年代的农村职业教育发展模式

20 世纪 90 年代，我国农村职业教育关注的重心开始转向地方经济社会发展，形成了一些较为成熟的发展模式，如表 4-8 所示：

表4-8 20世纪90年代的农村职业教育发展模式

发展模式	具体阐述
县级职业教育中心模式	县级职业中心模式,通过理顺管理体制、整合教育资源等措施,较好地解决了农村职业教育发展中存在的多部门办学、多头管理、资源分散、办学规模小、办学质量差、办学效益低、专业设置重复等问题,改善了农村职业学校的办学条件,提高了办学质量和办学效益,也较好地发挥了它在县城职业教育发展中的带头作用、示范作用
边上学,边致富模式	职业学校缺乏实习实训基地、学生动手能力不强,是20世纪80年代末90年代初,农村职业教育发展中的一个突出问题。在这一背景下,一些学校提出了尝试进行办学模式、人才培养模式改革,其中,河北省迁安市职教中心提出的"边上学,边致富模式"比较典型。"边上学,边致富模式"增强了农村职业教育吸引力,培养了一批农村实用人才
专业产业一体化模式	为加强农村职业教育基本能力建设,有效服务地方经济发展,不少农村职业学校依托自身专业发展产业,依托产业发展专业,形成了专业产业一体化模式。专业产业一体化的发展模式在进入21世纪后,逐步从受制于地域局限性的封闭式办学模式,向城乡联动、多主体参与的开放性办学模式转型
公司+学校+农户模式	1997年我国提出大力发展农业产业化。为了适应农业产业化发展的新要求,许多农业职业学校逐步探索出公司+学校+农户模式,这种新的办学模式,使农村职业教育围绕农业产业化项目设置专业、建设基地、培养人才、开展教育培训服务,体现了鲜明的"农学结合"的农村职业教育办学特色,较好地发挥了农村职业教育对地方经济发展的服务功能
十百千万工程模式	20世纪90年代中期,作为农科教结合的新举措,湖南省邵阳市实施了"十百千万工程",即:建好10所示范性农村职业高中(中专),联系办好100所示范乡镇农校,培养1000户科技示范户,让实用技术传播到1000户农民家中,使每户农民年纯收入在1000元以上。"十百千万工程"模式在当时取得了巨大成功。但随着农村社会转型发展,这一模式所暴露出来的过度依赖地方政府行政力量办学、办学经费不足、职业学校服务地方经济发展能力欠缺等问题日渐突出,其影响力也随之消退
中心辐射模式	中心辐射模式以一所或几所骨干学校作为辐射源,在办好中心本部的同时,对各乡(镇)及其他职高班、成人中心学校进行指导,从而使这一系列的校、班、点形成统一整体,共同发展,为本地经济发展服务。中心辐射模式是经济发达地区农村职业教育的一种新型办学模式。这一模式主要在经济和职业教育发达地区兴起和运用,其中尤以苏南地区较为典型

续表

发展模式	具体阐述
兴教富民模式	20世纪90年代,农村职业教育发展面临招生难的困境,如何突显农村职业教育的"农"字特色,成为农村职业教育发展必须解决的问题。在这一方面,以江苏省徐州市铜山高级职业中学为代表的农村中等职业学校,在改革实践中,逐步形成了"兴教富民"的农村职业教育发展模式。其中,铜山职业中学走出了一条"兴教富民"的农村职业教育发展道路,成为20世纪90年代我国农村职业发展的成功范例

(四)21世纪农村职业教育发展模式

进入21世纪以来,国家站在经济社会长远发展、城乡统筹发展的战略高度,颁布了一系列农村职业教育政策,科学引导和大力支持农村职业教育发展。在国家政策的推动下,我国农村职业教育在快速发展过程中逐步形成了一些新的发展模式,如表4-9所示:

表4-9 21世纪农村职业教育发展模式

发展模式	具体阐述
城乡联合办学模式	从2001年开始,海南省部分学校开始探索"三段式"城乡联合办学模式。所谓"三段式"模式,是指省市县职教中心、重点示范校、企业共享资源,联合办学,分段学习。其主要做法包括:加快龙头学校和职教中心建设;加大投入力度;大打招生硬仗,抓好教育教学,使扩大规模与提高质量同步。海南省通过城乡牵手、联合办学,走出了发展职业教育的一条"多赢"之路
集团化办学模式	受产业集团化发展的影响,从20世纪90年代初期,我国职业教育就开始尝试集团化发展,并形成了多样化的集团化办学模式。我国目前有政府主导、行业主导、企业主导、院校主导四种类型职业教育集团。集团化发展已经成为我国职业教育发展的基本趋势
"一网两工程"模式	随着城镇化加快,农村职业教育如何在农村转移劳动力职业培训,以及服务农村经济发展,成为20世纪90年代中后期以来农村职业教育发展面临的一个现实问题。在探索问题解决办法的过程中,许多农村地区结合自身情况进行了有意探索,形成了富有区域特色的农村职业教育发展模式。其中,陕西省的"一网两工程"模式比较具有代表性。"一网"指农村职业教育和培训网络,"两工程"指职业教育强县富民工程和职业教育促进农村劳动力转移培训工程。"一网两工程"模式自实施以来,取得了显著的成绩

续表

发展模式	具体阐述
城乡一体化办学模式	党的十七届三中全会审议通过的《中共中央关于推进农村改革发展若干重大问题的决定》提出了"城乡一体化"的发展战略。职业教育的城乡一体化发展是城乡一体化发展的有机组成部分。为推动职业教育城乡一体化发展,各地结合自身情况进行了有益探索

五、国外农村职业教育的主要模式

无论是西方经济发达国家,还是国外发展中国家,在职业教育发展过程中,都形成了具有自身特色的一些农村职业教育发展模式,积累了值得我们学习和借鉴的发展经验。

（一）发达国家农村职业教育发展模式

1. 德国的"双元制"模式

德国的农业职业教育普遍采用"双元制"。"双元"中的一元指职业学校,职业学校的学生要在学校接受职业知识教育;另一元指企业或其他校外实训场所,职业学校的学生要在企业或校外实训场所接受职业技能培训。"双元制"实际上是受国家政策支持的一种校企合作的办学制度,强化了职业人才培养方式上的"工学结合"。

2. 美国的社区服务模式

从赠地学院①建立开始,经过一百多年的发展,美国形成了以社区学院为实施主体,教学、科研、农业科学技术推广"三位一体"、普教职教融通的农村职业教育体系。美国的社区服务型农村职业教育发展模式,主要特点包括以下几方面:

---

① 1862年美国国会通过了《莫雷尔法案》（亦称"赠地法案"）,规定各州凡有国会议员一名,拨联邦土地三万英亩,用这些土地的收益维持、资助至少一所学院,而这些学院主要开设有关农业和机械技艺方面的专业,培养工农业急需人才。

第一,职业教育与社区经济发展高度融合。

第二,鼓励地方工商、教育、工会和社区领导人员积极参与,发展多种形式的农村职业教育。

第三,国家通过政策法律制定和财政补贴,大力支持发展农村职业教育。

第四,在学校与工作之间建立多种途径,强调教育和培训对象实际工作经验的获得和职业能力的培养。

3. 韩国的政府主导模式

韩国农村职业教育发展的政府主导模式是在韩国的"新村运动"推进过程中逐步形成的。第二次世界大战后,韩国在推进工业化和城市化的过程中,面临工农业发展严重失衡、城乡发展差距拉大、乡村与农民极度贫困、农村人口大量外流、部分农村地区的农业濒临崩溃等社会问题。基于这种国情,韩国的决策者们认为,人力资源开发是韩国经济持续、快速发展的唯一途径。1970年,韩国发起了"新村运动","新村运动"共经历了基础建设阶段(1971—1973年)、扩散阶段(1974—1976年)、充实和提高阶段(1977—1980年)、转变为国民自发运动阶段(1981—1988年)和自我发展阶段(1988年以后)。在"新村运动"推进过程中,韩国农村职业教育发展的"政府主导模式"得以逐步形成。其主要做法包括以下几方面:

(1)政府通过系列改革举措,提升农村职业教育地位。韩国在历史上深受我国封建文化的影响,韩国民众普遍重科举、轻农商,职业教育尤其是农村职业教育得不到重视。结合"新村运动",韩国政府通过宣传教育、社会动员、大幅度提高农业技术工人待遇和社会地位等改革举措,逐渐改变了农村职业教育在农民心目中的地位,极大地调动了农村青年接受农村职业教育的积极性。

(2)对农村职业教育发展给予大力的政策支持。韩国政府在学生录取、培养过程、毕业创业等方面出台了大量的优惠政策和相关规定。

(3)与农业振兴、乡村振兴相结合,发展农村职业教育。在"新村运动"推进过程中,农业教育、农民教育是"新村运动"的重要组成部分。韩国农业振兴厅是农业教育、农业科研和推广的管理机构,在开展农业科研、农业技术推广的同时,还具体负责对农民的生活指导、农业教育和职业技能培训,逐步建构了以学校为主体的农村职业教育体系。

(二)发展中国家农村职业教育发展模式

发展中国家的共同特点是农业在国民经济中占比较大,农村人口较多且受教育程度较低,农村发展相对落后,城乡经济社会发展不平衡。在由农业社会向工业社会、信息化社会转型发展过程中,一些发展中国家大力发展农村职业教育,形成了与自身国情相适应的农村职业教育发展模式。

1. 墨西哥的应用型办学模式

墨西哥是拉美经济大国,国内生产总值居拉美第二位,仅次于巴西。全国约 197 万平方公里的土地中 5/6 是高原和山地。全国有可耕地 3560 万公顷,已耕地 2300 万公顷,主要农作物有玉米、小麦、高粱、大豆、水稻、棉花、咖啡、可可等。墨西哥拥有现代化的农业和工业,从 20 世纪 80 年代末开始,经济发展由内向型发展模式向外向型发展模式转型。墨西哥社会贫富分化严重,贫苦人口约占总人口的 45%。

墨西哥的农村职业教育注重实效性,农业职业技术教育在墨西哥的农村职业教育中得到重点发展,其教育培训的主要内容是帮助农村居民掌握农业生产技术,解决农民生产生活中的实际问题。墨西哥的农村职业学校主要由政府主办,同时,政府也鼓励私人机构参与农民培训工作。墨西哥农村职业教育发展模式有如下特点:

第一,保护农村职业教育的合法权益,专门制定了《职业教育改革法》和十多个与之配套的政府规章。

第二,农业职业教育发展与反贫困紧密结合,通过职业教育和培训帮助贫困农村地区和农村贫困人口脱贫。

第三,以政府为投入主体,对农村贫困人口提供免费的教育培训。

第四,政府多部门协作共同参与农民职业教育和培训。

2.印度的教育扶贫模式

印度是南亚地区最大的国家,面积为 298 万平方公里。印度大部分土地可供农业利用,农作物一年四季均可生长,农业生产有着得天独厚的自然条件。印度经济以耕种、现代农业、手工业、现代工业及其支撑产业为主。农村人口占全国总人口的 72%。印度政府采取各种措施发展农村职业教育,发挥农村职业教育在农村经济社会发展中的反贫困功能。印度农村职业教育反贫困的做法包括以下几方面:

第一,加强农村职业教育基础设施建设。

第二,重视农村职业教育办学经费的投入。

第三,推广农村职业教育的创新成果。

第四,农村职教发展和扶贫政策同步。

墨西哥和印度农村职业教育发展表现出了一些共性特点,主要包括以下几方面:

第一,注重职业教育的实用性、实效性。

第二,以农村地区、农村人口为对象,充分发挥农村职业教育的反贫困功能。

第三,政府对于农村职业教育高度重视。

六、建构农村职业教育模式的基本原则

概括来说,构建农村职业教育模式应遵循以下几个基本原则,如图4-10 所示:

(一)前瞻性原则

农村职业教育模式是理论与实践沟通的桥梁,它源于实践,是实践经验的总结,是实践向理论的升华和飞跃。因此,在构建农村职业教育模式时,要重视对我国职业教育实践中行之有效的模式进行积极的总结和科学的提炼;要以现有的模式为基础,进行积极的创新思维,构建出具有一定前瞻性的促进农村职业教育发展的办学模式,使职业教育理论真正适度超前于职业教育实践行为,对职业教育促进新农村建设服务具有战略指导意义。

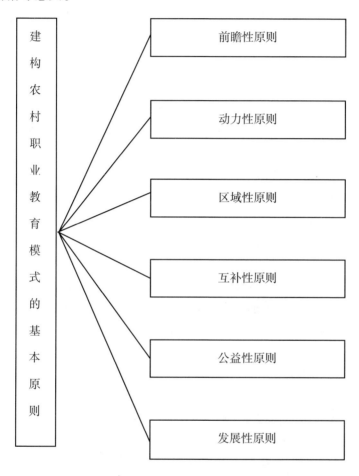

图 4-10　建构农村职业教育模式的基本原则

（二）动力性原则

　　动力性原则是指所构建的农村职业教育模式应该有利于调动各办学者、投资者、受教育者等方方面面的积极性,形成促进农村人力资源开发,新型农民培养的强大合力。应该说,职业教育在农村人力资源开发中大有可为,农村劳动者接受职业教育和培训的积极性有待开发。农村劳动力市场是一个具有巨大潜力的市场。应该发挥农村成人教育中心、社区教育机构在人力资源开发以及劳动力转移和转移后劳动者转化为新市民中的积极性；应将各类社会资源进行整合，与学校形成促进农村人力资源开发的共同体，提供高效、优质的信息服务，畅通人才转移的输出渠道。

（三）区域性原则

区域性原则总体而言是指区域经济社会发展的不平衡性、差异性、特殊性和特色性。它包括以下几方面内容：

第一，区域的农村劳动力及其文化教育状况、收入状况。

第二，区域农村劳动力剩余及其转移状况。

第三，区域的经济社会发展特点、产业结构特点。

第四，区域教育，尤其是职业教育发展状况。

第五，劳动者接受职业教育的积极性和需求特点等。

在模式构建时，只有充分考虑上述各项因素，才能使所构建的模式具有较强的针对性，才能真正办成受人民群众欢迎的职业教育，调动起广大农村群众普遍接受职业教育的积极性。

（四）互补性原则

农村职业教育的发展、人力资源的开发可以通过多形式、多途径来实现，这既是基于我国广大农村人力资源开发、劳动力转移途径的多样性，也是我国职业教育实践的需要和经验的总结，因此，农村职业教育模式必然具有多样性。然而，必须注意的是，一方面每种模式必须体现自身的特殊性，能独立发挥作用，另一方面每种模式必须是职业教育促进农村人力资源开发系统中不可缺少的一种模式，相互间具有互补性。

（五）公益性原则

公益性原则是指专门针对农民的职业教育培训，应该全部或者主要由国家和地方政府买单。如果没有政府的投入力度，地方就未必愿意将属地农民"个个有技能、人人有岗位、家家有物业"的美好愿景很快变为现实。

（六）发展性原则

创新是事物发展的重要动力源。任何一种模式都是在实践中逐步形成的，也是伴随着理论的研究、实践的深入不断发展的，因此，农村职业教育的发展模式也需要在实践与发展中不断创新。当然，这种创新与创造仍然是基于职业教育实践和理论的双向探究，是实践的产物，并不是凭空捏造，那种"空中楼阁"式的不切实际的理论模型只能是美好的理想和美丽的装饰。

七、我国农村职业教育模式的创新

（一）我国农村职业教育模式创新的背景

一个国家、一个地区到底如何建构或选择农村职业教育发展模式，必然受制于一定历史时期农村职业教育发展的政策环境、社会环境以及农村职业教育发展的基础和水平。

1. 农村职业教育发展的政策环境

农村职业教育改革实践在某种程度上可以看作是完成一定政策任务的教育实践。好的政策环境有利于推动农村职业教育发展模式的改革创新。"三农"问题是我国社会发展的根本性问题。进入 21 世纪后，"三农"问题得到了党和政府前所未有的重视，颁行了一系列重要政策，以科学发展观引领农村社会、农村职业教育的发展。这些重大政策主要涉及城乡关系、农村税费改革、农村综合改革、农村户籍制度改革、土地制度改革、农业生产方式转变、新农村建设等农村社会发展的关键性内容。这些政策具有如下显著特征：

第一，从国家发展的战略高度看待农村发展，把从根本上解决"三农"问题作为国家发展的大政方针。

第二，结合农村社会转型发展的实际，通过政策引领、政策支持、政策创新,大力推动农村经济社会发展。

第三,强化政策执行力,以项目(计划、工程)方式具体实施政策。

第四,重视农民教育培训工作,通过大力发展农村教育、农业教育、农民职业技能培训,开发农村人力资源。

第五,从城乡一体化发展公共服务均等化、现代农业发展,大力发展"面向农村的职业教育"。

2. 农村社会的转型发展

农村社会转型发展是改革开放以来我国农村社会发展深刻变化的过程。农村社会的转型发展,有如下主要表现:

(1)农村社会治理模式的转型。中华人民共和国成立后,我国农村社会形成了政府主导的"乡镇村治"模式,行政权力和行政组织延伸到了农村,以实现对农村社会的全面控制和介入。改革开放后,随着人民公社解体、乡村治理的民主化改革,以村民参与乡村公共事务管理、村干部民选为特征的"共同治理"逐步成为农村社会治理的新模式。

(2)农村社会阶层结构的变化。改革开放后,农村社会阶层在农业劳动者基础上出现了个体工商户、私营企业主、乡镇企业管理者等新兴社会阶层。进入 21 世纪,有研究把当前我国农村社会大致划分为以下八个阶层:

第一阶层:举家进城户,主要包括外出经商户、城市有稳定工作的农民工及其家庭。

第二阶层:农村私营企业主、个体工商户。

第三阶层:农村管理者、知识分子。

第四阶层:现代农业经营者。

第五阶层:未稳定型农民工(候鸟型农民工)。

第六阶层:本地农民工。

第七阶层:普通农业经营者。

第八阶层:贫弱农民。[①]

---

① 马建富.社会转型与中国农村职业教育发展道路的选择[M].北京:知识产权出版社,2014.

（3）农村经济结构变化。改革开放以前,传统农业是我国农村经济的主体,粮食种植业占据了农业的主体。改革开放后,市场逐渐成为农村经济的主要资源配置方式,经济结构随之发生比较大的变化。主要表现在以下几方面:

第一,粮食种植量在数量上保持稳定,经济作物的种植量逐渐提高。

第二,林、牧、副、渔业发展迅速。

第三,农村的非农产业发展较为迅速。

3.农村职业教育发展形势的变化

目前,我国农村职业教育发展形势产生了如下变化:

第一,农村职业教育的政策不断完善。

第二,农村职业教育体系与网络基本健全。

第三,农村职业教育和培训效益逐步显现,影响扩大。

第四,广泛开展农村职业教育改革实践。

（二）我国农村职业教育模式创新的指导思想

我国农村职业教育发展只有坚持正确的思想指导,才能选择正确的发展模式如表4-10所示:

表4-10 我国农村职业教育模式创新的指导思想

指导思想	具体阐述
坚持"以人为本"的科学发展观	教育的本质是培养人。职业教育只是一种教育类型,它同样要体现"培养人"的实质精神。人是一个有尊严的、和谐的生命体,人的培养是对人身心品质的整体性养成。因此,我国农村职业教育发展模式无论进行何种程度上的创新,都必须"以人为本",实现从以技能为中心的"生存型的农村职业教育"向以发展为目的的"发展型农村职业教育转变"
树立教育公平观念	教育公平是社会关注的焦点。随着城乡统筹力度的加大、城乡一体化发展目标日渐清晰,"教育公平"应成为我国农村职业教育发展的思想指导,农村职业教育发展模式的创新应充分体现"教育公平"理念

续表

体现终身教育理念	传统的农村职业教育中大多数学生读完中等职业学校后,极少有机会接受更高层次的正规学校教育、学历教育,尽管这种情况正在改变,但以中等层次教育为主的农村职业教育与普通教育、高等教育之间的连接通道依旧不够畅通。农村职业教育无论建构或选择怎样的发展模式,都必须体现终身教育理念,要把农村职业教育体系作为我国现代职业教育体系的有机组成部分进行重点建设,让接受农村职业教育的受教育者有更多样、更畅通的就学、升学和接受继续教育的通道,有充分的教育自由选择、转轨的机会
彰显"农"字特色	在城镇化快速发展的今天,农村职业教育到底应该如何发展,是一个亟待回答的教育难题。但不管我们对城镇化背景下的"农村""农村职业教育"如何理解,有一点我们应坚信不疑,那就是农村职业教育一定要面向农村、服务农村,它必然不同于城市职业教育,一定要具有鲜明的"农"字特色。由此可以说,农村职业教育发展模式的创新过程,必然也是一个农村职业教育"农"字特色不断凝练和逐步彰显的过程
激发实践主体的创新精神	任何一种模式的形成,都是在国家政策指引下,地方政府、职业学校、企业等职业教育发展的实践主体,结合自身实际情况和发展需要,充分发挥积极性、创造性,勇于探索、锐意创新的结晶。在新的历史时期,农村职业教育发展面临新形势、新机遇、新挑战,发展模式的创新需要农村职业教育实践主体鼓起勇气,重启农村职业教育改革的新征程

（三）我国农村职业教育模式创新的基本原则

我国农村职业教育模式创新的基本原则主要包括以下几个方面,如图4-11所示:

1. 实效性原则

创新大体有两个层面,一是形式上的创新。许多职业教育上的改革创新流于形式,申报了不少奖项,对所谓的改革成果进行了色彩绚丽的包装,但实际上这些所谓的改革创新只不过是"新瓶装旧酒"。另一种是实质上的创新。这种创新是精心设计和长期实践的产物,是发现和解决新问题的科学探索过程,它把改革创新具体落实在教育管理、教育教学实践的每一个具体环节,关注的是教育质量的实质性提高。农村职业教育发展模式创新,应看这种模式的实际效用,而不是为创新而创新。

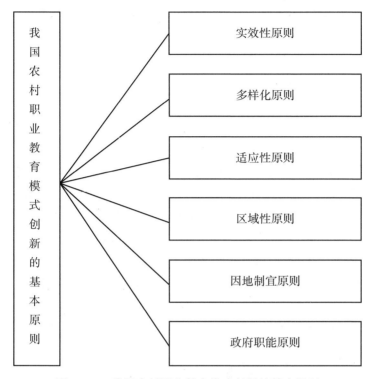

图 4-11　我国农村职业教育模式创新的基本原则

2. 多样化原则

农村职业教育在不同的历史时期会存在不同的发展任务,在某一阶段比较合适的农村职业教育发展模式可能在下一个阶段就失去了存在的合理性,所以,农村职业教育发展必须走多样化的发展道路,各具千秋,才能显现其生命活力。

3. 适应性原则

农村职业教育是面向农村的职业教育。农村职业教育嵌入在农村社会发展的历史脉络之中,必须适应农村社会发展环境。在农村职业教育发展历史上曾经产生过许许多多的发展模式,其中不乏一些在当时很有影响、被广泛学习借鉴的发展模式。这些在具体时空背景下比较成功的农村职业教育发展模式,有一个共性特征,即适合具体历史条件下的农村经济社会发展需要。只有农村职业教育的管理体制、办学定位、办学模式、人才培养规格、专业设置等,与农村经济社会发展相适应,才能使农村职业教育发展与农村经济社会发展形成良性互动机制,农村职业教育发展才能取得成功。

4. 区域性原则

从实际情况看,我国农村职业教育大多在农村地区举办,主要面向农村人口、为农村社会培养人才。我国社会发展存在严重的区域不平衡,东部、中西部地区农村社会的发展基础、发展水平也存在显著差异。这种差异体现在自然资源、产业结构、人口素质、发展目标、文化传统、教育基础等方方面面,它们共同构成了农村职业教育发展模式的制约因素。无视这种区域差异的"创新"就不是创新,必然遭遇挫败。

5. 因地制宜原则

我国地域辽阔,不同的地方在经济、文化和历史等各个方面存在着较大的差异,因此,不同的地方应该因地制宜,根据本地的特点来构建或选择适合自身特点的农村职业教育发展模式。

6. 政府职能原则

在农村职业教育发展模式构建的创新中,政府发挥着极其重要的作用。政府应强化发展农村职业教育的责任,加强对农村职业教育的统筹、协调和领导,完善农村职业教育的管理运行机制,整合不同部门的职业教育资源,优化资源配置,使农村职业教育发展模式的构建有序、有效地进行。

（四）我国农村职业教育模式创新的着力点

我国农村职业教育模式创新的着力点主要包括以下几方面,如图4-12所示:

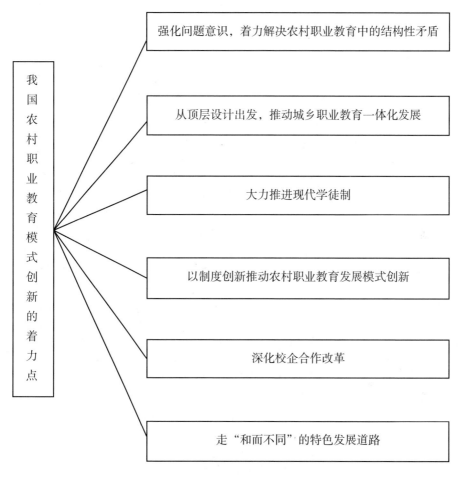

图 4-12 我国农村职业教育模式创新的着力点

1. 强化问题意识,着力解决农村职业教育中的结构性矛盾

农村职业教育发展模式的创新,应强化问题意识,着力解决农村职业教育发展中的结构性矛盾。目前,我国农村职业教育的结构性矛盾主要包括以下几方面,如表 4-11 所示:

表4-11 我国农村职业教育的结构性矛盾

结构性矛盾	具体阐述
农村职业教育的专业结构与农村产业结构之间的矛盾	我国不同地区、不同农村职业学校之间的专业结构出现了两个比较明显的"同质化",一个是城乡职业学校的专业设置同质,一个是同一区域不同学校之间的专业结构同质。不少农村职业学校在办学规模扩大过程中,老专业没有调整,又盲目跟风开设新专业,专业设置脱离农村产业发展实际,专业结构与农村产业结构的匹配度较低
农村职业教育的规模与人才培养质量之间的矛盾	改革开放以来,我国农村职业教育的规模迅速扩大,但人才培养质量却没有显著提高
农村职业教育优质资源匮乏与教育资源分配不均的矛盾	农村职业教育因其发展基础薄弱、起点低、社会支持力度小等原因,优质教育资源比较稀缺。在教育资源分配中,地方政府通常会把优质教育资源分配给基础教育、高等教育,对职业教育的投入则明显不足。在职业教育系统内部,城市又比农村地区拥有更多的教育资源。就地区比较而言,经济较发达的东部地区职业教育资源较为丰富,而经济欠发达的中西部农村地区,职业教育投入不足,优质的职业教育资源就更为稀缺
农村职业教育的低层次办学与学习者接受高层次教育要求之间的矛盾	农村职业学校基本上只能招收考不上普通高中的初中毕业生。对于大多数农村中等职业学校的学生来说,读完中职后就难以有较多机会接受正规的高层次的学历教育。尽管近年来,高校招生渠道有所拓宽,但总体而言,农村职业学校学生真正能进入本科高校就学的毕竟还是少数。文化基础较差的生源、较低的办学层次与受教育者对接受高层次学历教育的旺盛需求,两者之间产生了较大冲突。农村职业教育发展中,还存在其他方面的结构性矛盾。今后,农村职业教育发展的重心是大力推进农村职业教育的供给侧结构性改革,激发个体和农村社会发展对农村职业教育的有效需求,不断提高人才培养质量,努力增强农村职业教育的吸引力

2. 从顶层设计出发,推动城乡职业教育一体化发展

农村职业教育发展模式的创新需要顶层设计,为农村职业教育的长远发展绘制蓝图。这种顶层设计应体现城乡统筹发展思想,推动城乡职业教育一体化发展。城乡一体化发展需要我们秉持公平发展理念,打破城乡二元对立整体、系统、长远地规划城乡职业教育一体化发展目标、发展路径,在城乡互动、互补、互促中,实现农村职业教育的跨越式发展。

3. 大力推进现代学徒制

现代学徒制是当今世界各国普遍实施的职业教育制度。不同国家，如英、美、法、德、澳等，都实施了适合自身特点的现代学徒制，并从国家层面颁布了相应的法律政策，且建立了相应的管理机构保障其实际推行。职业教育实施现代学徒制具有以下作用。

（1）有利于丰富、优化职业教育资源。

（2）有利于深化校企合作。

（3）有利于破解职业学校招生难、企业用工难的难题。

（4）有利于发挥和拓展职业教育对地方经济发展的服务功能。

推进学徒制的关键包括以下几方面：

第一，要通过立法明确学徒制在职业教育中的地位。

第二，要通过制度建设保障学徒制的顺利实施，包括学徒制的办学主体资格审查制度、经费投入制度、培训包开发制度、基于职业能力的资格认证制度等。

第三，要结合国家重大建设工程、地方经济发展项目等，以项目实施方式推进现代学徒制的具体落实。

4. 以制度创新推动农村职业教育发展模式创新

制度创新就是使创新者获取最大利益的制度变革。之所以有制度创新，是因为现存的制度安排使行为者失去了获利的能力和机会，只有打破现存制度中的那些阻碍创新的因素，才能使创新者获得未来的追加利益。农村职业教育发展模式的变革需要制度创新激发变革的内驱力。可以通过发明、模仿、演进等方式实现农村职业教育制度创新。农村职业教育制度创新应关注以下几个方面的内容：

（1）制度主体创新

要让企业、学校、社会组织、农村集体组织等都参与制度创新，成为制度创新的主体，而不是坐等政府制定规则。

（2）制度结构的优化

农村职业教育的制度创新不能仅关注教育内部的制度创新，还要关注与之配套发挥作用的外围制度的创新，如户籍制度、就业制度等。只有不断完善和优化制度结构,才能有效发挥制度的整体功能。

（3）路径依赖的破解

我国农村职业教育发展模式的创新,需要打破旧的利益格局,破解路径依赖,通过制度创新,激发实践主体的创新活力。

5. 深化校企合作改革

农村职业学校应在政府的引导、协调和支持下,主动寻求与地方企业合作办学;地方行业协会、涉农企业、农村集体经济组织等,也应对学校的合作办学愿望做出积极回应。通过沟通、对话协商,以多种形式灵活地开展校企合作,使农业企业全面、全过程地参与职业人才培养。通过深度的校企合作,逐步建立"农村职业学校－农业企业发展共同体",实现农村职业教育发展模式的创新。

6. 走"和而不同"的特色发展道路

城镇化进程中的农村职业教育所进行的改革创新,不能以牺牲农村职业教育的特色为代价,不能改变农村职业教育面向农村、服务农村的办学方向定位。在人才规格、专业设置、课程内容、学校网点布局、功能定位等方面,都要体现"农"字特色,走与城市职业教育"和而不同"的发展道路。农村职业教育模式创新的过程,应被合理地理解为农村职业教育特色的凝练和彰显的过程,只有这种意义上的发展模式创新,才能真正促进农村职业教育的可持续发展。

第五章

乡村振兴背景下农村职业教育的路径选择

第一节　变革农村职业教育的体制机制

一、职业教育体制及其构成

（一）职业教育体制

职业教育体制是职业教育系统内有关要素的具体构成形式和各要素之间的关系。作为社会子系统,职业教育体制与社会各系统之间有着密切的联系,对职业教育进行管理,就需要从职业教育体制即职业教育各要素的关系及其与外界环境的关系中去发现,研究矛盾发生的规律,找到解决矛盾的方法与途径。

从外部看,与职业教育体制相联系的是国家的经济体制与教育体制。职业教育体制受国家经济体制的制约,这要求职业教育体制适应经济体制发展变化的需要。但理论和实践存在差距,职业教育的稳定性与社会需求的不断变化构成了职业教育体制的一对矛盾,因此职业教育如何适应经济体制的发展,是探讨职业教育体制的重要内容之一。

（二）职业教育体制的构成

职业教育体制由职业教育实施体制和职业教育管理体制构成。

1.职业教育实施体制

职业教育实施体制,即培训各类人才的劳动能力的机构与规范的统一体。具体来说,就是各级职业学校教育和各类职业培训机构及相应的规范。我们可以从以下四个方面来分析职业教育实施体制。

（1）从类别结构方面看，它指正规职业学校教育与非正规职业培训机构之间的比例关系及他们的转换。

（2）从层次结构方面看，它是指初等、中等、高等职业学校教育之间的比例关系及他们的相互衔接。

（3）从专业结构方面看，它指专业设置、教学方式等方面的比例关系。

（4）从布局结构方面看，它是指各类学校的地区分布及其相互关系。构建科学合理的职业教育实施体制是职业教育发展的主要任务。

2. 职业教育管理体制

职业教育管理体制应由行政体制、服务体制、学校内部管理体制三部分组成，如表5-1所示：

表 5-1 职业教育管理体制

职业教育管理体制	具体阐述
行政体制	是指代表各级政府对职业教育进行管理的专门机构和相应的规范
服务体制	是为了保证职业教育的顺利实施而提供各项服务的各类组织和相应的规范。主要包括人才预测和就业指导(与企业、产业部门密切相关，为职业教育未来发展做出预测，并对学生进行一定职业指导)；课程教材和教学仪器供应(以企业、产业部门为依托，为职业教育的发展提供物质保障)；师资培训和职业教育科研(同企业、产业部门联合，对职业教育的成果进行检查、评定)。服务体制代表着各类产业部门、企业的利益，体现了职业教育与社会需求的紧密联系
学校内部管理体制	是职业学校教育及其职业培训机构内部的管理机构与规范，具体包括学校决策组织机构、学校执行组织机构、学校咨询组织机构、学校监督反馈机构及其相应的规范

二、构建城乡融合职业教育体制机制

（一）城乡融合的含义

许多学者都对城乡融合的概念进行了研究，但由于城乡融合涉及社会经济、生态环境、教育、文化生活等方面,涉及不同的学科,人们对城乡融合的概念有不同的理解。

社会学和人类学界从城乡关系的角度认为,城乡融合是指相对发达的城市地区和相对落后的农村地区,打破分离的壁垒,逐步实现生产要素的合理流动和优化组合,从而促进城乡生产力合理布局,促进城乡经济社会生活紧密结合协调发展,缩小或逐步消除城乡基本差距,实现城乡融合。从经济发展规律和生产力合理配置的角度来看,经济学界认为,城乡融合是指城乡经济的统一布局,加强城乡经济交流与合作,优化分工,合理配置和协调城乡生产力发展,实现经济效益最大化。

尽管学者们对城乡融合的定义不同,但城乡融合的核心要素和精神基本相同。综上所述,城乡融合是指通过顶层设计和总体规划,城乡经济社会生活和空间环境紧密结合、优势互补、协调发展,城乡要素自由双向流动,最终缩小城乡差距,统筹城乡发展。

(二)城乡融合的特征

城乡融合具有显著的特征,概括来说主要包括以下几方面,如图 5-1 所示:

1. 城乡空间高度融合

随着乡村振兴战略的实施,原有的地理意义上的城乡空间概念越来越模糊,即城乡空间融合不仅是经济社会发展的必然结果,也是城乡融合发展的必然要求。城乡融合是提高城乡经济社会组织化程度,加强城乡空间联系,优化城乡空间布局,实现城乡融合和谐发展的一种城乡空间形态。城乡融合有利于从根本上解决农村发展的基础设施问题,充分发挥农村地区的特点和优势,对社会发展产生积极影响,实现城乡利益互补协调发展的目标。当然,城乡融合也为城乡职业教育与成人教育的融合与交流提供了更好的基础和更现实的条件。

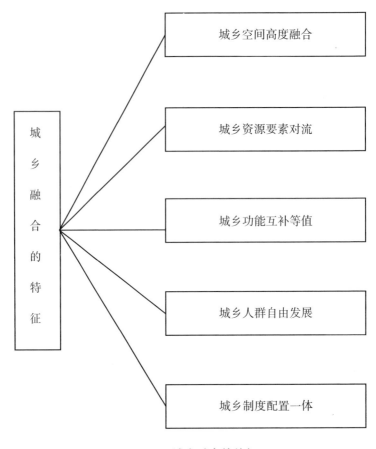

图 5-1　城乡融合的特征

2. 城乡资源要素对流

在过去的中国城乡发展政策中,由于城市区位优势明显,城乡差距越来越大。因此,城乡资源呈现出从农村到城市的单向流动,导致农村落后和恶性循环。发展城乡融合,就是要从根本上改变资源,特别是人力资源的单向流动,实现资源的均衡双向配置,实现城乡资源的优化配置。一方面,促进城市工商资本、科技和人力资源向农村流动;另一方面,引导农业劳动力向相邻非农产业转移,促进农村土地的合理集中管理。建立城乡资源开放对流机制是城乡发展的重要前提。

3. 城乡功能互补等值

城乡融合发展将全面推进城乡经济、社会、文化、生态、治理等领域的制度整合和统一,加快城乡要素市场融合,实现城乡公共资源的均衡配置。生产要素在城乡之间双向流动,生产力在城乡之间合理分配,资源在城乡之间科学配置,各自的功能得到充分发挥,工农业相互促进。城乡互补是一种新型的城乡关系,是一种全面融合、共同繁荣的关系。因此,全面实施城乡融合发展战略,将促进我国城乡关系的第三次飞跃,使农村地位发生明显的根本性变化。

4. 城乡人群自由发展

城乡融合战略必须从根本上促进城乡,特别是农村经济社会的全面发展。但是,经济社会发展归根结底是以人的发展为中心的,即促进人的自由全面发展是社会发展的主体。城乡关系是多方面的,但人是城乡关系的主体,其他关系都以人的发展为中心。实现人的全面发展是马克思主义城乡发展理论的终极目标。消除城乡矛盾,实现全面发展,将为城乡人民自由全面发展创造条件。因此,人的自由全面发展是城乡融合理论的核心,也是城乡融合核心价值观的追求,自然也就是城乡融合最基本的特征。

5. 城乡制度配置一体

实现城乡融合发展需要外部物质条件,但更需要加强制度建设,制度必须规范和促进城乡融合。该制度旨在促进城乡居民权益平等和城乡资源自由流动。城乡融合必须以人的需要为基础,提高农村在区域发展过程中的话语权,加强城乡管理体制和机制创新,促进人为社会分层,实现公平发展。因此,在推进城乡融合的初期,更需要采取农村发展政策,特别是通过制度创新和政策创新来加快城乡融合进程。

（三）我国城乡融合发展战略提出的背景

城乡融合的发展过程实际上反映了城乡关系从最初的融合到分离再到融合的消极否定的发展过程，每一种否定都是在经济社会发展进入更高的发展状态时提出的。

改革开放以来，我国工业化、城镇化进程加快，城乡关系发生变化。一方面，由于各种政治制度或交通、通信等因素的制约，城乡关系越来越密切；但与此同时，中国长期实施以城市为中心的差异化发展政策，在很大程度上加快了城市发展，损害了农村地区的利益。事实上，这一政策在改革开放后继续实施，城乡差距迅速扩大。城乡差距的扩大背离了中国现代化的目标。农村发展严重滞后已成为中国现代化目标的"立足点"。为了解决当前城乡关系严重失衡的问题，中国政府高度重视缩小甚至逐步消除城乡差距的措施。特别是进入21世纪以来，我国制定并实施了城乡统筹发展战略和城乡融合战略，积极推进社会主义新农村建设，实施了新型工业化、新型城镇化和"四个同步"等宏观战略。通过充分发挥政府"看得见的手"的作用，进行必要的调控和干预，农业现代化和信息化有望促进农业、农村和农民的发展。经过多年的实际努力，城乡差距开始缩小，城乡二元结构有所缓解。然而，城乡发展和城乡融合都是以城市为中心的发展模式。他们的政策主要集中在农业和工业、城市和农村地区，以及对"三农"的外援。因此，这些政策或战略没有从根本上缩小城乡差距，也没有建立解决城乡差距的长效机制。农村地区不应再围绕城市改变自身，而应主要解决"三农"问题，实现农村全面发展和城乡均衡发展，尽快弥补农村发展的不足。

城乡融合发展理念改变了传统的城乡角色，带来了城乡发展政策的根本性变化。城乡统筹发展理念的提出和实施，将在很大程度上激发"三农"发展的积极性。新时期，农村自我发展能力显著提高，改变了以往主要依靠城市支持农村、工业反哺农业等农村被动接受"施舍"的单向模式，最终形成了双向互动、融合发展的局面。

（四）城乡融合发展战略提出的意义

城乡融合发展战略不仅是对城乡关系的新认识，也是对我国长期城乡发展政策经验的总结和深刻思考。城乡融合的发展理念具有鲜明的时代特征。这是基于新时期中国社会发展矛盾转化的新判断、新思维。同时,这种新的发展观也是基于中国乡村振兴的"三步走"目标、中国农村发展的主要矛盾和对农村价值观的理解的新战略。

第一,实施城乡融合发展战略是释放农村活力的内在要求。中国之所以先后推进城乡统筹发展战略、城乡融合战略和"四化同步"发展战略,不是因为战略本身存在根本问题,而是在推进这些战略的过程中,没有有效地调动农村自我发展的活力。推进城乡融合发展战略,使城乡处于平等地位。城乡融合发展战略是尊重农村发展规律、理解农村价值观的必然结果。

第二,实施城乡融合发展战略是实现乡村振兴战略目标的必然要求。乡村振兴战略是党的十九大提出的七大战略之一。然而,按照以往的城乡发展政策,很难从根本上打破城乡二元体制,真正实现城乡融合的发展目标。这样,农村仍将是我国实现现代化的"短腿"。

（五）城乡融合职业教育体制机制的分析框架

建立城乡融合的职业教育体系和机制,既是城乡融合的必然要求和趋势,也是未来城乡职业教育改革和发展的必然趋势。什么样的职业教育体系和城乡融合机制将直接影响未来乡村振兴背景下城乡职业教育的功能定位和作用。职业教育服务于经济和社会发展,要建立科学有效的职业教育体系和城乡融合机制,首先必须探索职业教育与城乡融合的契合点。在此基础上,在分析城乡融合体制和职业教育机制特点的基础上,构建城乡融合职业教育体制机制和政策体系的框架。

1. 职业教育与城乡融合的契合点

一般来说,城乡融合可以从三个层面进行解析:

第一层面是城乡经济发展的融合。在这个层面上,主要是通过发展现代农业来促进四个现代化的同步发展,实现农业和农村的现代化,缩小农民收入水平与城镇居民收入水平的差距。也就是说,要真正解决城乡之间长期存在的差异,让城乡居民有一种幸福感,而没有明显的差距感和失落感。

第二层面是社会公共服务体系的融合。其中包括农村基础设施、医疗保健、教育、老年护理和社会治理体系的发展,这些基本上与城市相同。农民的生活质量不仅大大提高,而且可以享受与城市居民同等的社会福利,而不用担心医疗、教育和生活。

第三层面是观念与文化素质的融合。农村人口普遍接受基础文化教育和职业培训,具有先进的生存和发展观念。特别是农村人口成为具有一定流动性的现代农民后,对先进的城市文明进行了认可和接受,农民工的城市化能力大大提高。同时,随着城乡管理体制的改革,城乡居民可以双向流动,自由择业。

对于以上三个层面的城乡融合,职业教育可以找到相应的支撑点和服务点,即职业教育可以有所作为,在城乡融合中发挥不可或缺的作用。

在城乡融合的第一个层面,职业培训的作用是通过开发城乡居民的人力资源,促进农民人力资本积累的能力建设,以促进经济发展,为城乡融合服务。

在融合的第二层面,由于职业教育是一种社会公共产品,完善自身制度可以促进城乡融合。例如,通过积极发展农村社区教育,充分发挥区级职业培训中心的作用,构建以区级职业培训中心为中心、以乡镇为连接点的网络化终身教育体系。通过建立这一体系,能够为城乡居民提供终身学习和享受的教育体系。同时,促进城乡居民生活质量的共同提高。

在融合的第三层面,职业教育可以通过农村社区教育进一步提高农村居民的教育、文化和科技素质,培养扶贫所需的职业技能,促进观念和素质的现代化,促进农村的"有效治理"。服务城乡融合,促进农村经济社会全面振兴。

2. 城乡融合职业教育体制机制框架的架构

(1)城乡融合职业教育资源配置机制——共事、流动

城乡融合的一个重要表现是资源,特别是人力资源在城乡之间的自由流动。通过有序流动,实现城乡资源均衡优化配置,实现城乡协调统一发展。在振兴乡村的背景下,推进城乡职业教育融合,通过制度配置和政策创新,促进以教师为中心的职业教育资源或要素在城乡之间双向

自由流动,实现城乡优质职业教育资源共享。保障农村职业教育发展最基本的资源需求。

（2）城乡融合的职业教育管理体制——协同、高效

体制机制问题一直是制约我国职业教育发展的难题。在振兴乡村的背景下,如何通过确立城乡职业教育融合的目标,建立统筹有效的城乡职业教育管理机制,是职业教育发展的重要研究课题。长期以来,我国的职业教育管理体制一直以县为主,由县、乡政府负责。这种管理体制在一定程度上调动了地方政府对职业教育的积极性。地方政府可以根据当地经济社会发展的需要、特点和产业结构,规划职业教育的发展。然而,县域管理体制也存在明显的弊端,主要表现在以下几方面。

一是职业教育的发展水平与县乡领导对职业教育发展的认识和观念密切相关。

二是地方经济发展水平严重制约了职业教育的发展,导致一些经济欠发达地区职业教育发展困难,缺乏必要的财政支持。一些领导重视职业教育的发展,但往往受到经济基础的制约。

三是没有建立适应乡村振兴和城乡统筹发展人才培养需要的职业教育管理体制。这是制约当前和未来城乡职业教育发展的关键。县级职业教育管理体制存在的问题主要体现在以县级职业教育中心为主体的职业教育主要由县级政府负责,发展资金、师资队伍建设等培训试点条件得到有效保障。然而,以乡镇政府为主的农村成人职业教育培训明显受到地方政府领导思想和财力资源的制约;另外,城乡职业教育与县域观念的融合既是乡村振兴的需要,也是乡村振兴的必然结果。因此,各地区至少要协调发展县域职业教育和培训,使城乡职业教育和培训成为实现乡村振兴目标的重要人才支撑体系。

要改变这种状况,必须打破政府管理机制,加强对综合管理的重视,加强县域城乡职业教育融合,加强乡镇职业教育和成人教育的综合管理。其中,最重要的是实施县级人力、物力资源统一管理,解决职业教育投资、师资建设、教育管理等重大问题。其中,最重要的是综合规划的两个方面,即教学资源的综合规划和教育投资的综合规划。它不仅有利于缩小城乡职业教育差距,也有利于促进区域城乡职业教育均衡发展,促进县域教师流动。

（3）城乡融合的职业教育办学体制——多元,灵活

建立城乡融合职业教育办学体系,就是要打破城乡二元办学体制

的束缚,促进城乡职业教育全面合作与交流,积极探索城乡职业教育互动发展的新模式和新机制。城乡融合职业教育办学体制改革和完善的核心是如何建立产学研结合、多元化办学的体制和机制,主要包括两个方面。

一是整合城乡职业教育和成人教育资源。

二是调动各方办学积极性,实施多元化、跨境联合办学。

城乡职业教育体制改革的重点和突破口是在整合现有职业教育资源、充分发挥其优势的基础上,增加职业教育的辅助资源。在明确政府职责的基础上,积极吸纳社会组织、行业、企业和个人等社会资源,参与城乡职业教育融合,进一步拓展职业教育资源。学校管理体制改革的另一个重点是在整合各种资源的基础上,形成多元化的办学联盟、专业合作、校企合作、产学研结合的办学模式。

3.城乡融合的职业教育发展制度和政策——健全、创新

无论是统筹城乡职业教育资源配置,还是学校管理体制和办学体制,都需要完善职业教育体制,创新城乡融合政策并有效实施,这是改革的必要保障。因此,在推进职业教育体系和城乡融合机制建设的同时,一方面要审视当前城乡职业教育发展的体制和政策,及其适应性和局限性;另一方面,要根据未来城乡融合的新形势和新要求,积极完善现有制度和政策。同时,还要提前建立和配置有利于职业教育体系运行和城乡融合机制的制度和政策,确保改革顺利进行,为城乡融合职业教育体系的有效运行奠定基础。

(六)城乡融合职业教育体制机制形成的路径

建立城乡融合的职业教育体系和机制,不仅是实现未来城乡职业教育发展理想化的愿望,也是促进城乡职业教育服务效率提升的必然选择。这种整合体系和机制的结构取决于具体的路径,如图5-2所示:

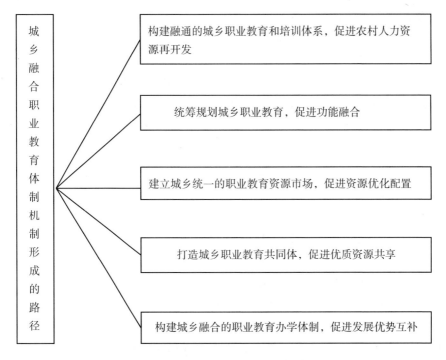

图 5-2　城乡融合职业教育体制机制形成的路径

1.构建融通的城乡职业教育和培训体系,促进农村人力资源再开发

（1）必须体现城乡融合的趋势,促进城乡人力资源开发效能的提升

我国政府的城乡发展战略及其关系建设经历了从"城乡统筹发展"到"城乡一体发展",再到党的十九大提出的"城乡融合发展"的过程。从"统筹"到"一体",再到"融合",这不是简单的文字交流,而是反映了中国政府基于城乡发展的现实和未来趋势进行的重大战略调整。适应这一发展战略,建立新的城乡关系,需要建立城乡融合的职业培训体系,实现城乡人力资源的统筹规划和开发,实现效率最大化、最优化的目标。特别是建立城乡融合的职业培训体系,应该为所有需要职业培训的员工提供机会。它不仅可以为城乡新工人提供必要的职业教育和培训,还可以为工人、失地农民和其他需要职业培训的人员进行人员康复,促进新的人力资源红利的再生。

（2）必须体现企业培训体系与国家职业教育培训体系的融合,促进

城乡人力资源协同开发机制的形成

体制和机制是我国职业教育和培训发展中一直试图解决但仍然存在的问题。其中的主要问题之一是企业参与职业培训的机制尚未得到根本解决。随着中国经济进入新常态,需要解决机制问题,包括企业参与职业培训。企业必须成为我国现代职业培训支持体系中职业学校面临的主要责任主体,必须实现国家职业培训体系与企业培训体系的融合,实现共生、共同提升。这是因为,虽然以职业学校为主体的职业培训体系也能极大地培养经济发展所需的人才,但两者在人才培养的质量和效率方面都不理想。人才培养的供求双方的要求总是不一致。

2.统筹规划城乡职业教育,促进功能融合

规划在城乡融合发展中起主导作用,因此,在引入城乡融合职业培训体系和机制时,必须强调规划的指导作用。由于中国城乡二元结构形成原因的特殊性及其长期存在,以及建立城乡融合关系的复杂性和多样性,在建立和完善制度的过程中,需要注意加强顶层设计。为了制定符合城乡融合发展目标的切实可行的发展规划,在制定城乡职业教育和培训发展规划时,必须注意做好以下工作。

第一,加强发展规划研究。充分的调查研究是规划的前提和基础。研究区域经济发展规划,特别是城乡融合区域战略规划,应该研究城乡融合对职业培训和成人教育的需求,应该检查当地职业培训发展的基础和适用性。在此基础上,制定城乡融合的职业培训发展规划。

第二,在制定规划时,要尊重统筹规划的原则,注重增强城乡发展的协同性、针对性和整体性,实现资源整合和效率提升的目标。

第三,要以职业学校和职业设计为重点,构建城乡融合的职业培训体系。以优化城乡职业教育机构和培训的空间设计为契机和基础,在放开城乡资源双向流动渠道的配套政策和制度支持下,逐步形成城乡融合发展的空间网络,充分发挥城乡效应,促进城乡融合目标的实现。在制度设计上,重点完善乡镇职业培训机构布局,充分发挥职业学校和培训中心在区级的知名度和领导力,构建完善的村、社区、区级职业培训网络,尽可能满足农村群体的职业培训需求。

第四,加强城乡职业培训的整体组织和规范管理。通过县域统筹和规范化管理,避免县域范围内专业设置重叠、培训重复,能够合理利用和开发有限的职业教育和培训资源,确保职业教育和培训的有序和有效。特别是在县域内实施职业教育培训,更要加强城乡职业培训设施的整合。城乡职业培训形式多样,包括转移农民工培训、留守农民培训、失地农民培训、新型职业农民培训、城乡弱势群体培训、返乡创业培训等,在深入调查的基础上,全面管理、分类分级培训,防止多头管理、多头培训。

3. 建立城乡统一的职业教育资源市场,促进资源优化配置

城乡职业培训融合发展的重要基础是通过城乡职业培训资源的充分、自由流动实现均衡分配。但是,为了实现城乡职业培训资源的有序、自由流动,需要在城乡地区创建一个单要素市场。一方面,这一要素市场应该鼓励农村要素进入城市。另一方面,促进以教师为中心的教育要素向农村职业学校和成人教育中心自由、顺畅地流动,这也是创建城乡单一教育要素市场的关键。现行体制使农村难以从城市中吸引优秀资源,实现城乡教育要素的自由双向流动,促进城乡职业培训资源的优化配置。

总体来说,教育资源分为有形资源和无形资源。有形资源是指可以直接使用或开发的资源,包括财力、物力和人力资源;无形资源是指教育发展过程中在有形资源的使用和开发中体现出来的价值和使用价值,包括技术资源和管理资源。

建立健全城乡融合职业培训发展的体制、机制和政策体系,促进城乡融合发展和城乡要素的双向流动,核心是解决"人"的问题,即城市优质职业培训资源如何进入农村。目前,我国城乡资源要素的流动主要表现为农村向城市的流动。这种农村资源持续外流的趋势,单靠市场机制的自我调节是难以扭转的。为了控制资源的单向流动,促进城乡资源要素的合理均衡配置,需要建立激励和约束机制。

当然,城乡职业教育资源的流动和共享也包括其他物质资源和信息资源的共享。例如,城乡在职教育的信息资源共享水平可以为城乡职业院校提供信息共享服务平台。充分利用计算机资源的可重复性、可复制性和增值性,构建城乡职业学校招生、职业培训和就业信息服务网络,实现城乡职业教育人才培养全过程信息资源共享。

4.打造城乡职业教育共同体,促进优质资源共享

促进城乡职业教育优质资源的交流、流通和共享,可以通过政策或制度安排来实现。除此之外,城乡职业教育社区建设是一个非常重要的途径。城乡职业教育共同体的构建过程是职业教育共生系统中共生单元相互激励、共同进化的过程。在这个共同体中,城乡职业学校不是相互替代,而是在相互合作与竞争中实现双赢,从而实现职业教育共生体系的结构调整和功能创新。充分发挥优秀教师在城乡职业教育特别是城市初级职业教育社区建设中的作用;加强专业、课程和教材建设,提高实验实训设施利用率。当然,在城乡职业教育社区建设中,也可以建立分支机构或双向资源流动,实现资源共享。

5.构建城乡融合的职业教育办学体制,促进发展优势互补

构建城乡融合的职业教育办学体制,除了对管理体制进行必要的干预外,另一个非常重要和具体的实践路径和策略是通过构建城乡职业教育管理群体来整合城乡职业教育管理体制。具体来说,通过集团化运作模式,建立政府、行业和企业参与的职业教育管理体系。在这一体系下,政府在高层设计层面实施统筹规划和政策创新服务,积极引导企业特别是大型企业参与城乡职业教育建设。鼓励城市职业学校和社区学院加强与农村职业学校和成人教育中心(社区教育中心)的交流,鼓励发展与职业建设有关的职业学校、产业集团和职业教育企业;形成多元化、共生、融合的城乡职业教育体系。这一体系打破了产业界限和资源无序配置的障碍。它不仅促进了职业教育与经济社会的紧密结合,而且充分发挥了政府和行业的积极性。它将政府、行业、企业、职业学校等共生单位纳入职业教育共生体系,形成利益共同体,充分发挥各自的利益,维护职业教育群体的整体利益。

三、构建城乡职业教育共同体

（一）构建城乡职业教育共同体的原则

城乡职业教育共同体由政府、企业、学校和社会组织等内外部要素构成。因此，城乡职业教育社区建设是一个复杂的过程。为了保证城乡职业教育共同体的正常有效运行，不仅要遵循社区自身的运行规律，而且要充分考虑相关因素，遵循一定的基本原则，概括来说，这些原则主要包括以下几方面，如图 5-3 所示：

1. 层次性原则

城乡职业教育共同体的建构应该遵循层次性原则。

从宏观上看，城乡职业教育共同体是一个国家和社会层面，体现在城乡政府、社会和行业（企业）的结合上。国家准确预测经济发展趋势。政府可以利用市场的"看得见的手"和"看不见的手"，根据经济发展的趋势，有效地协调职业教育的结构体系。城乡职业教育能够有效促进经济社会发展。

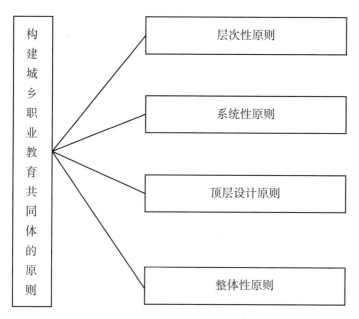

图 5-3　构建城乡职业教育共同体的原则

从中观层面看,表现为以城市、农村所需人才培养为中心进行的城乡学校间的联合及学校、行业(企业)与政府间的联合。学校之间应建立有效的沟通与合作机制。学校、行业(企业)和政府应建立"利益共同体",形成校企合作机制。学校可以实现自己的教育目标,企业可以"分享"校企合作的成果。中观层面上的职业教育共同体可以采取城乡各类职业教育群体的形式,也可以采取城乡校企合作的模式。

在微观层面,它为城乡学校内部的职业教育共同体,如以专业化为纽带的"教学产业园"和以科研为纽带的"教师专业发展社区"。

2. 系统性原则

城乡职业培训发展共同体不是一个机械互动的"躯壳",而是一个由多个要素组成的复杂系统。职业教育的协调发展与互动是一个由多种相互依存、相互作用的要素构成的系统工程。系统应不断在人力资源、知识、科技、信息等方面进行交流和补充,以充分发挥互动的系统影响。为了真正实现城乡之间的良性互动,充分发挥互动的自然效应,城乡职业培训的发展必须遵循城乡职业培训社区建设的系统开放原则。

3. 顶层设计原则

城乡职业教育培训作为对经济社会发展的滞后服务,必须以统筹发展的理念,对城乡职业教育培训的发展进行前瞻性的统筹规划。当前,我国城乡职业教育和培训的发展受到城乡经济社会分离的影响,在很大程度上也表现出城乡分离的发展状态和模式。主要表现为:城乡职业培训缺乏区域统筹规划,没有按照系统论的理念进行统筹发展。为了促进城乡职业培训社区的发展,需要从管理入手。然而,目前中国的职业教育和培训管理体系仍以县为核心。由于实现更大总体规划的回旋余地太小,与建设城乡职业培训社区的目标存在很大差距。地区一级的政府有重大的财政和资源限制,其行政权力和管理能力相对有限,城乡职业教育培训差距过大的困境无法解决。在此基础上,城乡职业培训社区建设应遵循区域统筹的原则,明确区域统筹的范围。理想情况下,城乡教育统筹的话题应该提到市政管理领域。理想范畴为把教育的城乡统筹主体上升到市级管理的范畴,在市域范围内由市政府对人财物进行统一管理。

4.整体性原则

在城乡职业教育共同体构建中,首先要遵循资源供给完整的原则。城乡职业教育应在打破二元结构的基础上,统筹规划,统一配置资源,协调和统筹资源供应。在协调过程中,信息、教师、资金等教育资源实现了城市职业教育与农村职业教育的互动与交流。资源交换可以避免一些教育资源的浪费和闲置,从而最大限度地提高城乡职业培训的使用效率。由于农村职业培训相对薄弱,在资源交换和流通过程的初始阶段,农村职业培训的倾向和支持较为被动。但随着城乡差距在一定程度上缩小,双向沟通逐渐恢复到正常、有序、平衡、互补的状态。

(二)构建城乡职业教育共同体的意义

概括来说,构建城乡职业教育共同体的意义主要包括以下几方面,如图 5-4 所示:

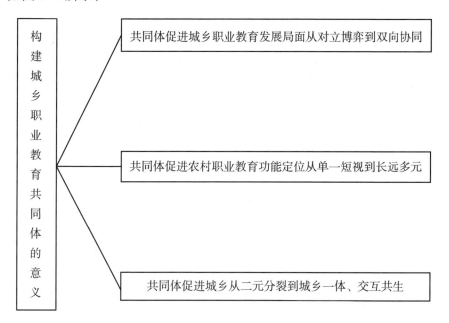

图 5-4　构建城乡职业教育共同体的意义

1. 共同体促进城乡职业教育发展局面从对立博弈到双向协同

在区域内对职业教育的集体投资一定的情况下,城市职业教育往往可以抓住更多资源。大多数城市职业学校和大学都可以实现自身的诉求,而农村职业院校实现诉求则比较困难。在城市职业教育辉煌的背后,往往是农村职业培训的无奈。当一个地区的农村职业教育体系完全消失,农村剩余劳动力全部流入城市职业教育体系时,城市职业教育体系必须繁荣,城乡职业教育融合似乎已经解决。然而,在短期的表面"繁荣"之后,将出现区域人才积压的"破产"悲剧,最终导致城市混乱。由此可以看出,博弈的结果是双方都承担了潜在的高风险成本。城乡融合是中国经济社会发展的目标,也是不可逆转的趋势。在此基础上,加强城乡职业教育社区建设,促进城乡职业教育要素有序、充分流动,是一项有效的政策。

城乡职业教育共同体的建立,是在事先制定合同条款的基础上,探索和建立良性互动机制,激发城市职业培训和农村职业培训两个主体的积极性,使其利益服从集体利益,充分发挥其超个体功能。尽管在追求有限资源和利益最大化的过程中,城市职业教育和农村职业教育之间仍不可避免地存在冲突,但两者在发展目标上是一致的,在信息资源方面具有高度互补性。先进的技术、市场信息和其他资源,以及与农村地区丰富的剩余劳动力、广阔的学校地点和大量农村市场需求的合作领域。农村职业教育和培训的发展,在相互协调的基础上,也扩大了农村经济市场,为城市带来了更多的实用人才,有助于双方利益的妥协,促进整个社会的利益。

2. 共同体促进农村职业教育功能定位从单一短视到长远多元

职业教育和培训作为与经济和社会联系最紧密的教育类型,将受到全球化进程和现代化趋势的强烈影响。在公共与社会的一般逻辑中,统筹城乡职业教育的关键在于农村职业培训。在现代化背景下,构建"共同体"有助于解决中国职业教育和培训发展的"瓶颈",尤其是农村职业教育和培训。例如,对农村职业教育和培训的定位进行了讨论,但在实践中存在差异。从城乡融合的发展趋势来看,农村职业教育培训的定位问题正在逐步显现,主要表现在以下几个方面。

一是面向狭隘的乡村。这一问题主要与人们对农村和农村职业培训概念的分歧有关。一些学者和职业学校校长认为,农村职业教育包括为农村第一产业培养人才和为其他产业特别是城市发展输送人才。

二是完全"离农"的教育。农村职业教育的服务对象主要面向城市,这是对农村职业培训服务方向的另一种极端理解。一些职业学校的领导不知道农村职业培训应该为农村地区培养各类人才,主要是因为为农业发展培养人才既困难又不得人心。因此,这些学校主要为城市提供农民就业服务,即为第二产业和第三产业培养人才。

共同体理论下的城乡职业教育共同体将城市职业培训与农村职业培训有机地联系起来。首先解决的是农村职业培训原有功能定位的唯一短视问题。重点是基于共同需求和前瞻性愿景,在"四化同步"的背景下,为新职业农民和新公民的培训服务。

3. 共同体促进城乡从二元分裂到城乡一体、交互共生

"共同体"的终极目标是城乡一体、交互共生。长期以来,我国引入了城乡二元分割的发展体制,导致了今天的城乡差异和二元甚至三元社会群体的形成。中国长期歧视性的农村发展战略必须以牺牲农民利益为代价进行改变。通过城市支持农村、工业反哺农业的战略,促进城乡融合发展。社区建成后的城乡统筹发展,应该是一种互利共赢的战略发展模式。它将不再仅仅是发展城市,而是双方在自愿互利的基础上互动,以优化各子系统,共同推进城乡融合进程。同时,在社区平台下,城市和村庄之间存在着互动共生关系。互动共生体现在相互资源、相互市场、相互服务上,逐步形成点共生、段间共生、线共生、综合共生的共生组织模式,以及相互依存、局部效益共生、互利共生的共生能源模式,促进经济、社会、文化的协调发展。基于此,推进城乡职业教育共同体建设的最终目标是根据城乡不同要素的优势和特点,实现城乡之间的双向流动、利益互补和相互依存,缩小城乡教育资源差距。促进缩小城乡经济发展差距,形成城乡融合模式,最终实现以公平为特征的和谐共生。

（三）城乡职业教育共同体的组织框架

乡村振兴战略的实施有赖于职业培训，以培养新型职业农民和其他乡村精英。加强城乡职业培训社区建设，促进城乡教育要素有序、充分流动，整合城乡要素，共同提升所需人才，是一种有效的策略。通过对城乡职业教育共同体内涵和特征的相关研究，共同体内部的要素之间实质上存在与生物界类似的共生关系。一学者认为，共生系统的共生统一性、共生模式和共生环境相互作用，相互影响，共同促成了协同组织系统的动态变革。在社区共生系统的共生统一、共生模式和共生环境三要素中，共生统一是基本内容，共生模式是实现共生的关键范式，共生环境是重要的外部支撑条件。社区的核心是协同合作、互利共赢、基于个体发展的和谐共处，这是城乡职业教育共同体建设的目标取向。在此基础上，城乡职业教育共同体建设将围绕三个组织要素共生单元、共生模式和共生环境构建组织结构。

1."共生单元"是共同体组织框架的基本内容

共生单元是指形成群落的基本能量生产单元。它是城乡职业教育共同体的基本内容。在发展城乡职业培训的过程中，要同时调动城市职业培训和农村职业培训两个主体的积极性，实现以城带乡，以乡促城。对于城乡之间的互动，我们需要改善城乡职业培训两个共生单元的共生性和相关性，并找到相容的变量。

在城乡经济发展过程中，城市走新型工业化的发展道路，主要依靠能源、新技术和现代化的崛起以及对原有产业的改造，带动当地房地产、旅游、金融等服务业的发展；农村经济的发展强调在改造传统农业的基础上，走新型农业现代化道路。这一模式的直接结果是，城乡地区没有形成融合的发展模式，共生程度不够，共生单元之间没有有效的价值链。因此，要通过城乡职业教育共同体促进城乡职业培训的和谐共生，必须审视共生单元的关联点。重点充分发挥城乡职业培训在经济发展中的独特作用，在农村建立相应的生产和服务培训基地，在城市建立现代农业培训基地。建立与城乡相关部门紧密联系的专业链。城乡职业教育共同体的建立,着眼于通过"共生统一"实现城乡职业教育培训的"转移"。从共生发展观、共生目标定位、共生职业教育体系、共生人才培养等宏观、中观、微观制度改革入手,将城乡职业教育与公共要素有机结合,实现城乡职业教育的融合。

2."共生模式"是共同体组织建构的关键范式

共生模式包括共生组织模式和共生能源模式。前者可分为点共生、间歇共生、连续共生和融合共生。后者可分为寄生关系、有益共生关系和互惠共生关系。在共生能量模式的不同状态下,从寄生关系到有益共生关系再到互惠共生关系,是一个逐步走向理想融合共生的过程。共生单元之间存在双向信息交换,双方可以在保持独立的同时最大限度地发挥各自的优势,建立长期、稳定和持久的关系。因此,互惠融合共生模型是共生系统的最佳状态。然而,目前的情况是,城市发展更加显著和迅速。城市职业教育为促进城市经济发展提供技术和人才,而农村职业教育的发展往往与农业脱节,特色不清,办学定位不准确。因此,两者之间存在着不对称的互利关系。城乡职业教育社区建设的最终目标是实现互利共生。

进入 21 世纪以来,中央一号文件基本将解决农业、农村和农民问题放在首位。而且,无论是强调"四化发展",还是优先发展农业和农村,都强调了农村发展对中国现代化的战略意义,将农村从受益者转变为相关主体。因此,在城乡职业教育共同体建设中,必须转变城市主体的视角,探索如何以"以城为乡"战略促进农村职业教育的发展。根据农村特点,立足农村原有价值,以农民、农业和农村为主体,让"三农"更好地发挥优势,建设城乡职业教育发展共同体。在此基础上,通过城乡多元要素的有序交换,实现农村内部结构的重构和外部价值的输出,寻求城乡分化的新视角和新声音。在分析循环结构理论和职业教育分布特征的基础上,根据区域经济学的相关理论,设计了城乡职业教育共同体的三个宏观空间布局模型,如图 5-5 所示:

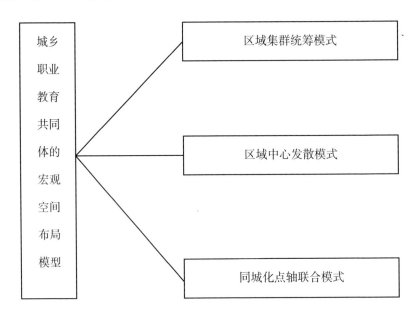

图5-5　城乡职业教育共同体的宏观空间布局模型

（1）区域集群统筹模式。是指以产业园形式形成的类似工业园区形式的"职教园区"模式。根据城乡融合的发展趋势和特点,集中优质教育资源进行集群管理,实现职业教育规模化、集约化。城乡职业教育机构利用农村土地资源和农村对职业教育资源的广泛需求,集中在城乡工业区。通过与城市工业区的密切合作,促进职业教育的发展可以直接满足市场经济发展的需要。区域集中模式的参与者通常包括政府、企业和中介机构,它们通过建立综合性职业教育园区来促进职业教育的发展。为了提高人才培养的效率,必须对园区的许多要素进行全面规划和开发。包括根据区域经济社会发展的需要,协调发展规划,确定培训规模;统筹规划,合理分工;协调教师资源,确保有序流动;协调基地建设,共享教育资源;协调管理体系,规范管理操作。这种模式最重要的特点是注重教育资源的利用,提高人才培养的效率。

（2）区域中心发散模式。主要是指整合农村职业教育资源,在农村建立职业培训中心,吸引潜在的职业学生,将成熟的管理模式、商业模式和优质教育资源延伸到农村地区,有利于该地区其他各级职业学校的成人教育中心和社区教育中心在人才培养过程中提供全面支持,包括学校管理模式。制定人才培养计划,进行课程教学改革,加强师资队伍建设,提高品牌吸引力和示范效果。区域中心的分散模式可以通过政府的教育计划或"一流"学校形成辐射模式。基于这种模式,优势学校可以充分利用名校的品牌吸引力,尽可能发挥主导作用,并为本地区其他职业院校提供教学指导,有效利用现有农村职业教育资源,避免资源重复和浪费,充分挖掘农村职业教育的潜在需求。

(3)同城化点轴联合模式。是指城乡教育资源通过道路交通设施、电力通信等实际条件向四面八方延伸,实现城镇化的自由流动。城乡职业教育融合是通过中心城市与腹地或周边城市之间的"极化—扩散"效应来实现的。

首先,同城化的发展必然会对区域经济社会发展结构产生影响,进而提出统筹城乡职业教育改革和布局优化的要求。

其次,在空间布局上,农村职业教育机构共享城市职业教育资源,通过共享城市工业区实训基地,将城市边缘的农村职业教育机构与中心商务区的城市职业教育机构连接起来。在点轴连接模式中,企业和城市职业教育机构通过协议和合同与农村职业教育机构相结合。知名企业和学校通过协议重组农村职业教育人力资源链、基础职业教育机构链和资金链。通过充分的资源共享和便捷的交通网络将培训基地与职业指导中心连接起来,充分利用高职院校的先进教育资源,加快农村职业教育现代化。在"点对点"培训轴的支持和帮助下,可以在新的城乡生态环境中实现职业教育与培训的最佳结合,提高教育资源、教师和农村职业教育的治理水平。这是实现城乡职业教育融合发展最有针对性、最简单的模式。

3."共生环境"是共同体组织运行的有效支持

共生环境是共生关系存在和发展的外部条件,这是共生单元之外所有影响因素的总和。这些因素之间的相互作用通常是通过物质、能量和信息的相互流动来实现的。环境对任何共生单元都有正面、中性和负面影响;因此,单元与环境的共生是对环境的最佳反应。就城乡职业教育共生体系而言,共生环境主要体现在政策环境、区域经济发展环境、制度环境等方面。由于城乡二元结构、城市化方向或片面的发展政策,城乡职业教育存在明显差距。这种环境不利于城乡职业教育共同体的建立和发展。因此,乡村振兴和城乡融合战略、政府的重视和城乡综合改革试验区的推进,为城乡社区职业教育体系建设提供了良好的宏观共生环境。构建城乡职业教育共同体的制度机制,就是要在微观层面营造良好的共生环境。

城乡职业教育社区的运行机制和体制建设关系到如何实现成员或组织的有机结合,对社区的建立和运行起着至关重要的作用。根据组织学和组织行为学的理论,组织治理结构可以分为价值观、组织体系、运行机制等。治理能力的提高是一个不断优化治理内容和治理结构的过程。基于这一视角和理论,现代城乡职业教育共同体的发展和治理结构应该包括:城乡职业教育社区的价值观、组织体制和运行机制。因此,为了保证城乡融合的可持续发展,城乡职业教育共同体的"运行机制"被从共生环境中分离出来。

（四）城乡职业教育共同体的运行机制

我国城乡职业教育共同体不是政策转型的产物,而是寻求职业教育全面发展的长期组织。为了克服我国城乡职业教育共同体建设和运行的多重制约,必须将其纳入城乡融合的宏观思想框架。只有这样,城乡职业教育才能真正从表面的合作走向深层次的共建。当然,城乡职业教育共同体建设不是一蹴而就的,它需要内外部环境的协调和支持。它不仅要有良好的外部政策配置,还要从博弈规则、协商平台、文化同构、内部制度创新等方面进行高层次的设计。城乡职业教育共生体系的体系和机制越完善,共同体内共生单元之间的互动越和谐,共生模式与环境之间的积极激励作用越强,城乡职业教育共生整合的进程越快。为了促进城乡职业教育和谐共生,必须根据共生发展规律和共生组织框架,建立相应的运行机制,促进城乡职业教育共生体系的可持续发展。

1. 创新外部政策配置

城乡职业教育共同体的建设和城乡融合的发展必然要求全面重构区域职业教育培训体系,为提高新型农民的生活质量创造条件。通过新的政策创新和制度配置,为新农民、新市民以及城乡人民生活质量的提升创造条件。在政治体制的配置和创新中,必须坚持以下原则:政治体制要面向未来。只有这样,现代农村职业教育体系才能具有现代性和适应性,成为城乡职业教育共同体发展的教育基础或有力支撑。未来,基于城乡社区的区域性农村职业教育培训体系的设计和实施,应逐步从源头上消除歧视性和不平衡性政策,尤其是在教育资源配置和教育投资方面。在坚持公平分享原则的同时,现阶段应优先发展农村职业教育和培训。

2. 形成现代治理制度

制度经济学认为,一个稳定的体系将成为一股强大的力量,因此,制度是将"共同愿景"转化为行动的关键。

第一,在城乡职业教育共同体建设的实践中,要从多元治理的逻辑入手,努力构建由国家、地方政府和职业教育机构组成的治理体系。在这个治理体系中。存在委托、管理和代理三方组织关系。其中,国家(委托方)有权协调城乡职业教育政策的制定和设计,包括制定激励措施、绩效考核等;作为中层管理者,地方政府(管理者)必须遵守和执行上级政府的政策和指示。同时,对整个政府和高职院校进行监督和规划。作为政策实施的最终目标,职业院校(中介机构)也是统筹城乡职业教育效益的直接受益者。除无条件完成之外,还应考虑实际情况和发展前景;公民和社会作为城乡职业教育协调发展的见证人和监督者,有权对城乡职业教育的发展提出批评和评论。在这个治理体系中,自由博弈的逻辑互动影响着整体治理。

第二,从统筹城乡职业教育发展的治理需要出发,建立与治理价值和目标相适应的制度体系,确保机制的良性运行。该体系主要包括决策机制、实施机制、监督机制、服务保障机制、投资机制和政策保障机制。通过一系列制度整合,形成一套现代城乡治理机制。从运行角度看,城乡融合发展需要统筹规划、资金投入和队伍建设等。在宏观制度体系下,落实统筹城乡发展的各项措施,形成稳定的现代治理和运行机制。

第三,从现代治理的角度来看,职业教育共同体的建设关系到城乡职业教育统筹发展的各个层面。职业教育共同体的合作与共建是分层次的,各级有着共同的利益、合作的基础和合作的必要性。合作领域分为三个层次:宏观、中观和微观。具体内容涉及各类职业教育机构、不同群体对职业教育的需求、职业教育效率与职业教育公平的协调,以及职业教育各要素(管理、办学、教师、学生、资金、教育教学)的整合。强调城乡融合发展的基础和条件是构建城乡职业教育社区平台的基础。

统筹城乡职业教育的培养目标、核心能力、课程设置和师资队伍,通过一系列制度安排,实现城乡职业教育融合发展的目标。

第四,通过制度创新,调整组织结构,激发城乡学校社区的组织内生力。在行政干预下,我国对城乡学校社区建设有一定的规定,但这些规定不够宽泛和僵化,不足以激发社区的紧张和活力。打破这一体制,必须从学校和城乡社区内部组织结构建设入手,改变过去的多级科层体系,尽快建立扁平化的三级组织结构。

3. 建立协同协商机制

(1)建立城乡职业教育共识机制。毫无疑问,当前我国城乡职业教育发展的不平衡与缺乏一套合理的博弈规则或利益博弈规则的大偏差有关。因此,为了实现城乡职业教育的和谐发展,必须建立一个公认的协商机制。目前,政府是公共权力的唯一合法垄断者。通过具体的制度安排,政府有权在教育布局、资金投入、人员配置、公共平台建设等方面做出决策。因此,政府有责任发挥主导作用,建立城乡职业教育认可的游戏价值机制。可以看出,作为一个区域性的政治、经济、文化中心,城市独特的地理和实力优势必将使城市职业教育在资金、教学设施、师资、资源等方面具有优势。但是,政府要改变城乡分工的投资政策,考虑农村职业教育发展的需要,制定公平公正的战略规划,促进城乡职业教育的协调发展,努力实现制度平衡。

(2)建立稳定的城乡职业教育咨询平台。在理性的基础上,城市和农村往往选择自己的主导战略,以实现各自利益的最大化,而社区的协调发展则是通过决策者的长期协商、对话、理解与合作,超越各自利益,实现公共利益的最大化。交易平台的建立需要多部门、多行业、多集团的有效合作。

(3)建立城乡多边协调机制。在城乡政府机构、企业、行业和职业教育机构互动的基础上,建立包括制度协调、行政协调、行业协会协调和学术机构协调在内的协调运行机制。制度协调是以法律制度的形式实现互动运行。一个统一的体系可以部分解决区域体系多、主体多、职责不清的问题,促进区域经济、社会、文化因素的充分合理流动。行政协调是政府行政部门通过签订行政协议进行协商和沟通的机制。行政协调促进系统内经济和社会管理、职业教育管理和服务之间的沟通和协商。行业协会协调机制作为市场经济发展的产物,可以充分发挥市场机制的作用,实现市场与职业教育的"无缝对接"。学术机构协调是由本地区专家学者组成的专业教育研究及其他相关研究领域的协调组织。

（4）建立多元化、共同化的信息交流机制。在城乡二元社会结构的背景下,城乡职业培训发展的不平衡必然反映在信息资源控制的不对称上,这就要求建立共同的信息交流机制。信息交流机制的建立有赖于政府和市场的努力。一方面,要发挥城乡职业培训衔接作用,实现城乡职业培训与不同市场单元利益同步共享。另一方面,政府以市场需求信息为基本导向,通过利率诱导机制,吸引企业、工会、社会组织、其他社会组织和个人等市场主体积极广泛参与合作。在市场机制的调节下,政府围绕扩大产业链、连接城乡产业进行专业分工与合作,为城乡职业发展提供充足的人才、市场等信息。

4. 打造文化同构格局

城乡职业教育共同体从松散到聚集再到共存的实现,必然涉及文化同构的构建。现代城市文明与乡村传统文化因共同体建设而相遇,产生文化碰撞与冲突。城乡文化之间的差距并非源于学校或教师对异质文化的排斥,而是源于文化适应性的缺乏。出于对家乡的热爱和对农村教育的热爱,农村教师成为农村文化延续的支持者,农村学校的长期延迟促进了农村教育工作者的同化心理。城市教师享受现代文明和科技进步带来的好处。在全面现代化建设的过程中,城市学校正逐渐软化创新、敢于挑战、奋进的精神。两种不同文化的相互依赖,使得城市和农村的学校和教师很难立即适应。因此,加速文化同构已成为城乡职业教育共同体实际运作的重点。理想的文化模式不仅可以保留城乡原有的"地域"文化基因,还可以在文化同构和融合中添加新的文化元素,使城乡文化经历新的变化和变革。文化结构与教育体系之间存在着许多新的属性或运行关系,二者之间的相似连接点已成为其相应重构的基础。

5. 构建区域资源平台

加快城乡职业教育共同体共生机制建设,应以服务城乡统筹发展为根本出发点。根据国外职业教育全面发展的经验,要实现城乡职业教育的共生,必须实现城乡职业教育资源的共享。因此,构建城乡职业教育共同体运行的共生机制,应紧紧围绕资源共享,构建城乡职业教育资源共享的平台。城乡职业教育资源共享平台的建立,必须在在职教育共生系统对称互利的条件下,实现职业教育资源的整合与优化,实现资源的最大化利用。其共享资源包括职业教师资源、职业教育信息、办学过程等软件条件以及办学设施、资金投入等硬件条件。

第一,要建立科学合理的城乡职业教师资源共享平台。在我国职业教育师资配置中,城乡职业教育师资流动性较低。要改变这种局面,需要加快职业培训资源配置改革,克服城乡教师资源流动障碍,实现教师资源由学校自主所有制向产业所有制转变,建立科学健全的城乡职业培训资源管理体系。加强教师在学校和城乡之间的合理流动,缩小城乡和学校之间的差距,优化资源配置。

第二,要积极搭建城乡职业教育资源共享平台。职业教育作为一种实践性、情境性的教育,离不开外部物质设施的支持。在物质资源方面,城乡之间缺乏有效的共享平台,导致职业教育资源的显性和隐性浪费,不能最大限度地利用资源。为了解决这一问题,可以借鉴国外发达国家的成功经验,构建校际教学设备共享联盟,实现区域内城乡职业教育教学资源的共享与整合,最大限度地提高职业教育资源的利用效率。

四、创新我国农村职业教育管理体制

要解决当前农村职业教育管理体制存在的问题,充分利用和配置现有的职业教育资源发展农村职业教育,培育和造就社会主义新型农民,管理体制创新是根本性的突破。

(一)建立高层管理机构

就全国来看,职业教育管理需要有一个合理的、强有力的行政机构,实现城乡职业教育的统筹和不同部门、不同机构实施的职业教育统筹。当然,要使这种行政管理体制能有效地发挥作用,必须注意解决两个方面的问题。

1. 强化"职业教育管理委员会"的宏观调控能力

职业教育管理委员会不能什么事都管,它主要通过解决如下问题来实现对农村职业教育的宏观调控。

第一,制定区域、城乡、部门职业教育发展目标。

第二,确定各层次、各类职业学校教育和各类职业培训的发展规模和速度,以及它们之间的比例发展关系。

第三,制定师资队伍建设、资金筹措和调节使用等重大问题的决策,以及相应的倾斜政策等。

当然,在解决这些宏观调控和统筹的问题时,要同当地经济和社会发展,特别是和社会主义新农村建设的总体需要联系起来,使农村职业教育管理体制的改革和创新成为国民经济和社会发展总体规划的一部分。

2. 进一步明确职业教育尤其是农村职业教育的办学主体

《职业教育法》对职业学校办学主体做了明确的规定:"政府主管部门、行业组织应当举办和联合举办职业学校、职业培训机构","企业可以单独举办和联合举办职业学校、职业培训机构"。另外,"国家鼓励事业组织、社会团体、其他社会组织及公民个人按照国家有关规定举办职业学校、职业培训机构。"这就是说,职业教育法规已将职业教育办学主体界定为政府、企业、个人三方面。

(1)从政府角度来说。包括教育行政部门和各业务部门。业务部门通过职业教育管理委员会进行宏观调控。因此,政府对农村职业教育的直接管理主要体现在各级教育行政部门的职教部门对职业教育和职业培训的管理。这样有利于理顺各种关系,明确管理、划分责权。

(2)从企业角度来说。企业对职业学校教育的开办和职业培训也应承担较大的责任。企业参与农村职业教育主要是通过农村青年的学历教育、农民工的转移培训以及招收农民工的在岗培训等方式实现的。对于大中型企业来讲,拿出一部分资金举办职业学校实质是一种投资。当然,企业举办职业学校对于企业资产、企业管理者都提出了较高的要求,因此不能强求。但是,对于职工的岗位培训和继续培训,企业必须承担一定的费用。我国关于职工培训经费的现行规定已经明确了一定的比例,条件具备的大型企业需要加强职工培训,可以增加培训费用,而中小企业可以拿出经费委托培养。

（3）从个人角度来说。政策鼓励个人和社会团体对农村职业教育投资,是为了促进农村职业教育的发展。而对于办学者个人来说,则不仅要讲投资的社会效益,还要讲投资的经济效益。

（二）以县级职教中心建设为引领,抓好县级以下农村职业教育管理体制的创新

县级职教中心既是一种新的人才培养和办学模式,又是县级职业教育的一种管理体制。要真正优化这种办学模式,并以此为基础,实现农村职业教育管理体制的创新和突破。

第二节　确定农村职业教育的办学模式

一、选择农村职业教育办学模式的主要依据

区域差异是选择农村职业教育办学模式的主要依据。改革开放以来,我国东西部出现了越来越大的差距。集中表现在农业结构上,东部二、三产业发达,西部第一产业比重过大,东部沿海发达地区由于交通便利,地理环境优越,劳动者文化技术素质较高,高等学校、科研院所较多,智力资源雄厚,有较强的技术开发能力,因而人均国民收入高,工业生产总值远大于农业生产总值的比重,生产设备与工艺过程较先进,产品技术含量高,市场经济发展比较充分,有较强的竞争力,商业、口岸贸易、服务业、金融旅游业都比较发达,高新技术、合资企业成为我国外向型经济出口创汇、税收的重要基地。

内陆经济欠发达地区有过光辉灿烂的文化,对中华民族发展有过重大贡献,但由于地理位置、自然资源状况等多种原因,与沿海经济发达地区相比较就落后很多,而少数民族地区、边境、革命根据地老区,由于交通不便、开发较晚、劳动者文化素质低、改革开放意识差,因而这些地

区还处于自然经济、半自然经济状态,许多商品贸易还停留在手工业产品和农副产品阶段,同沿海经济发达地区差距就更大了。由于地区间经济发展不平衡性决定了我国经济发展具有较强的区域性经济特点,所以农村职业教育的发展必须与区域经济发展要求相适应。

二、确定农村职业教育办学模式的指标体系

确定农村职业教育办学模式的指标体系主要包括以下几方面,如图5-6所示:

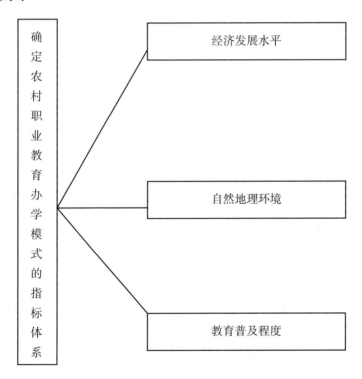

图 5-6　确定农村职业教育办学模式的指标体系

(一)经济发展水平

反映经济发展水平的指标很多,诸如工农业生产总值、社会生产总值、人均年收入等。这些指标虽然容易量化,但仅用其中一个又很难较全面客观地反映出一个地区经济发展的全貌。

（二）自然地理环境

自然地理环境是人们生活的外部基础条件，包括地理位置、地形地貌资源、气候等。

（三）教育普及程度

教育普及程度的确定标准是义务教育的普及年限，按此可以分为以下四类：

（1）基本上普及了9年制义务教育的地区。

（2）小学教育已经普及，初中入学率超过50%的地区。

（3）小学教育基本普及，初中入学率在50%以下的地区。

（4）尚未普及小学教育的地区。

从理论上讲，按上述三个指标体系可以将全国农村划分成64类。但实际上由于地理环境、经济发展水平和教育普及程度三者之间存在着很大的一致性，所以实际上分不出那么多的种类来。这是由于这三个因素之间相互制约影响的结果。例如，大城市郊区或交通干线沿线地区，由于大城市的辐射作用、交通便利等原因，不仅经济相对比较发达，而且教育普及程度也较高。相反，偏远地区由于交通闭塞等原因，经济也较为落后，教育普及程度也较低。从这个意义上看，在上述各指标体系中的同类具有很大的正相关。[①]

三、确定农村职业教育办学模式的原则

概括来说，确定农村职业教育办学模式的原则主要包括以下几方面，如图5-7所示：

---

① 刘解军.中国教育创新与特色学校建设理论与实践[M].北京：光明日报出版社，2003.

（一）主导性原则

主导性原则是指第一产业类专业在专业结构中占主导地位的原则。第一产业是指同我们生活关系最为直接密切的种植业和畜牧业等，而在种植业中又包括粮食生产和经济作物生产。就我国农村而言，无论各地区的经济发展水平如何，第一产业都是基础产业，第一产业类专业应在专业结构中占主导地位。其主要原因包括以下几方面。

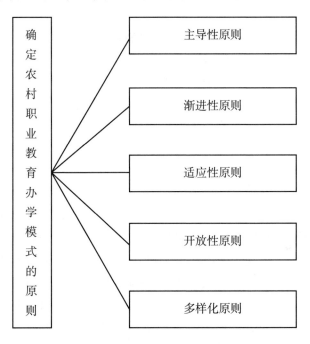

图 5-7　确定农村职业教育办学模式的原则

第一，第一产业在国民经济以及农村经济中的战略地位决定了这类专业的主导地位。

第二，农科教统筹的实施也要实行农业生产和科学技术、教育的结合。

第三，农村职业教育同城市职业教育的区别也正是在这个农字上。

近年来，由于种植业经济效益低下等原因，许多地区农村职业教育的专业结构明显呈现出一种重视工、商、运建、服，轻视农、林、渔、牧、副的倾向。这是应该引起我们严重注意的问题。特别是随着农业商品经济的发展和农业生产中指令性计划的取消,农产品价格的逐步放开,如何保证第一产业尤其是粮、棉、油的持续稳定发展不仅是摆在我们面前亟待解决的重大课题,而且也为第一产业类专业的发展提供了新的契机。目前不少地区农村职业中学开设的家庭经营专业,培养既能从事农业生产又能从事家庭其他经营的多用人才的经验就很有借鉴价值。

（二）渐进性原则

社会经济活动总是表现为一种动态的不断发展变化的运动过程。因此,农村职业教育也必须随着社会经济的发展变化不断地进行自我调整,这其中包括专业方向的改变、培养层次的提高、招生规模的变化等,这也就是所谓的渐进性原则。渐进性原则要求农村职业教育必须加强信息反馈。这不仅使改革有了可靠的依据,而且也增强了改革的目的性和针对性。

（三）适应性原则

适应性原则就是要从客观实际出发,根据本地区农村经济特点和生产力的实际水平来确定相应的办学模式、具体的培养目标和专业。它包括在结构上与本地区的产业结构相适应;在办学模式的层次上要与经济发展对人才的需求和教育的普及程度相适应;在规模上要与本地区所能提供的人力、物力、财力等资源数量相适应等。适应性原则要求确定办学模式时还必须将现实需要和长远需要辩证地统一起来。

（四）开放性原则

开放性原则是农村职业教育开放性特征的客观要求,其基本含义是办学模式要同其自身以外并与之相联系的组织或个体保持一定的沟通渠道。这些组织或个体构成了农村职业教育赖以存在和发展的外部社会环境。因此,和它们之间建立起怎样的联系是关系到农村职业教育能否得到社会支持、能否健康发展的问题。一般来说,农村职业教育的办学模式必须从精神、物质、信息这三个方面沟通与外部社会的联系,使其在精神上得到满足、在物质上获得利益、信息上受到启迪,即在具体实践过程中始终将它们置于具有主观能动性的客体的位置上,以此来调动他们的积极性,形成支持自身发展的动力,既使自身融于整个社会之中,又创造了自身发展所需的良好的社会环境。

(五)多样化原则

多样化原则体现在办学模式上是层次、结构等的多样化。农村职业教育办学模式必须多样化,以适应农村经济结构的多样化,满足农村经济各部门对人才的需求。另外,农村经济的多样化不仅表现在其结构形态上,而且还反映在不同产业间以及同一产业不同部门间发展水平的不平衡上。这种不平衡性也是一种多样性,它要求农村职业教育在培养人才的规格层次上也应该是多样化的。需要注意的是,农村职业教育办学模式的多样性表现为一个渐进的过程。也就是说,在目前各方面办学条件有限的情况下,农村职业教育应该集中力量首先解决本地区重点经济部门发展的急需,然后再逐渐满足其他非重点部门的需求。

四、农村职业教育的主要办学模式

农村职业教育办学模式的主要类型包括以下几方面,如图5-8所示:

(一)单一职业高中型模式

适合这一办学模式的地区应包括以下几个条件。

第一,经济发展迅速,生产力水平较高,不仅在客观上产生了对农村职业教育的强烈需求,而且也具备了发展职业教育所需的物质能力。

第二,九年制义务教育的基本普及,为发展高中阶段的职业教育奠定了基础。

在培养目标和专业设置上,处理好宽与专的关系,尽可能地使学生知识面宽些,做到一专多能。在理论与实践的关系上,在使学生掌握专业基础理论知识的同时,要根据实际需要加强实践课教学,重视学生实际操作能力和技术的培养。在专业课和文化课的比例关系上,要依据专业的需要确定文化课的门类和内容。

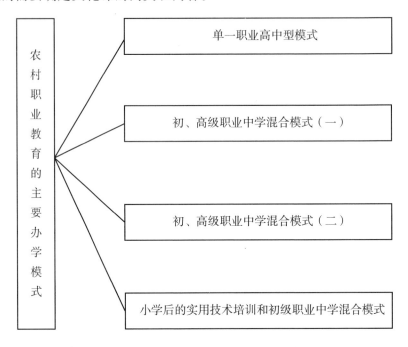

农村职业教育的主要办学模式

- 单一职业高中型模式
- 初、高级职业中学混合模式(一)
- 初、高级职业中学混合模式(二)
- 小学后的实用技术培训和初级职业中学混合模式

图 5-8 农村职业教育的主要办学模式

（二）初、高级职业中学混合模式(一)

这种模式主要适用于那些经济比较发达,初等义务教育已经普及,但初中阶段义务教育尚未完全普及的中等城市郊区、沿海地区和交通较为发达的内陆地区。这种混合模式的基本框架是在以发展职业高中为主的前提下,辅之以初中阶段的职业教育。就初中阶段的职业教育而言,应根据本地区的实际情况,采取相宜的规模与方式。从目前各地的具体实践看大致有以下几种形式。

第一,实行初二分流,即从初二结束时将学生分为普通班和职业班两种,前者为普通高中培养输送新生,后者为学生就业做准备。职业班的学制根据专业而定,可以是一年或更长些。

第二,初中以后的所谓 3+1 短期职业培训,即对未能升学的毕业生实施职前培训,使他们掌握就业所需的一定的生产技术和技能。严格地讲,这种教育应该属于高中阶段的职业教育。

第三,完全初级职业中学,招收小学毕业生学制 3 ~ 4 年。

(三)初、高级职业中学混合模式(二)

如果说前一种是以职业高中为主导的初、高级职业中学混合模式,那么这种模式则可称之为以初级职业中学为主导的初、高级职业中学混合模式。这种模式主要适合于经济发展水平较为落后的一般农村地区。这类地区由于种种原因农村职业教育发展十分缓慢,普通教育基本上还是停留在单纯的升学教育体制中。因此,这类地区的一个迫切任务是尽快形成一个普通教育、职业教育和成人教育相互沟通、协调发展的新格局。就发展职业教育而言,应以初中阶段的职业教育为主,形式还可以灵活多样。在这里,必须首先从思想上弄清普及九年制义务教育和发展初中阶段职业教育间的关系问题。一方面,在我国普及九年制义务教育是一个较长时期内的任务。在这段历史时期内,在九年义务教育适当阶段发展职业教育是我国现实状况的客观需求。目前我国每年仍有很多的小学毕业生不能继续升学,而且他们基本上都集中在农村。这种状况决定了必须改变目前九年义务教育阶段单一化基础教育的做法,这就要求农村在调整中等教育结构过程中,必须根据各地区的具体情况,将重点确定在高中阶段或初中阶段上,就大多数农村地区而言,侧重点应放在初级中等教育阶段,只有初级中等教育结构合理了才能使农村教育转移到主要为当地经济发展服务、兼顾升学的轨道上来。另一方面,在九年义务教育阶段发展初级中等职业教育反过来又促进了九年义务教育普及程度的提高。从长远看,职业教育的发展必然要推动经济的发展,从而为义务教育的普及提供更坚实的物质基础。①

(四)小学后的实用技术培训和初级职业中学混合模式

为了从根本上改变个别地区的落后面貌,必须注重发展教育,提高群众的整体文化技术素质。从相应地区的实际情况出发,发展职业教育可以采取小学后的实用技术培训和初级职业中学混合模式。小学后实

---

① 刘解军.中国教育创新与特色学校建设理论与实践[M].北京:光明日报出版社,2003.

用技术培训是一种非正规的、属于权宜之计的职业教育形式,但又是与这类地区目前经济、文化、教育等实际状况相适应的。它的对象主要是小学毕业后不能继续升学的学生,内容是实施现实需要的较为简单的某种技能技术教育培训。这种实用技术培训可以附设在中心小学,也可以挂靠在职业中学。学制可长可短,教学形式应灵活多样。教学内容在以传授实用技术为主的同时,还应辅之讲授一些实用技术教学所必需的基础文化知识。

教育同社会始终处在一种不断发展、变化的过程之中。因此,教育模式不是也不可能是一成不变的,而是不断变化、更新、自我完善着的。这其中的区别只不过是其构成要素的变化速度的差异而已。也就是说,构成教育模式的某些要素的变化是渐进的,而某些要素的变化则是突进的。教育模式的框架和特征则主要是由那些渐进变化着的要素决定的。

第三节　构建完善的农村职业教育体系

一、农村职业教育体系的内涵

要把握现代农村职业教育体系的内涵,首先需要对现代职业教育体系的内涵进行分析。

(一)现代职业教育体系的内涵解读

只有符合现代经济社会发展需求,具备"现代"特征的职业教育体系,才能被称之为"现代职业教育体系"。《现代职业教育体系建设规划(2014—2020年)》(教发〔2014〕6号)明确指出,到2020年应该形成具有如下要义的现代职业教育体系,即在功能上要适应经济社会发展需求,在办学路径方面实现产教深度融合,纵向结构上实现中职高职衔接,横向结构方面实现职业教育与普通教育相互沟通,在设立理念方面要紧扣终身教育理念,在表现形式方面体现中国特色,在发展水平方面体现世界水平,在教育自身功能方面能助推现代教育体系的建立和教育现代化。

（二）现代农村职业教育体系的内涵

我国传统意义上的农村是指县及县以下的区域，是一个行政区域的概念。所谓现代农村职业教育体系是指能够适应农村城镇化、农业现代化对人才的现实需求、产教深度融合、初等职业教育与中高等职业教育有效衔接、农村职业教育与城市职业教育联动、职业教育与普通教育相互沟通、农村社区学院、农村职业学校与职业培训并举，能够体现终身教育理念和世界职业教育水平的农村职业教育结构体系。[①]

二、构建现代农村职业教育体系的原则

构建现代农村职业教育体系需要遵循一定的原则，概括来说，这些原则主要包括以下几方面，如图 5-9 所示：

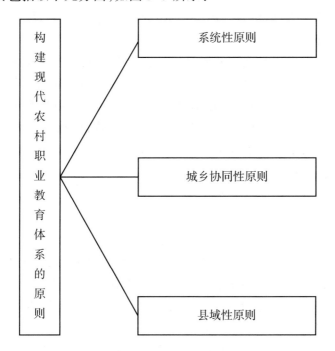

图 5-9　构建现代农村职业教育体系的原则

① 马建富.农村职业教育发展新论[M].北京：知识产权出版社，2017.

（一）系统性原则

体系是由构成体系的相互联系的要素组成,具有系统特征。系统性是现代农村职业教育体系的基本特性,其含义包括以下几方面:

第一,要把职业教育体系作为教育体系的有机组成部分纳入教育事业发展的整体规划之中。

第二,要对农村职业教育体系进行整体设计。现代农村职业教育体系既包括作为职业教育实施机构的农村职业学校教育系统和培训系统,也包括农村职业教育管理体系,以及相应的课程体系、专业体系、评价体系、保障体系、制度体系等职业教育子体系,并表现出相互之间的关联性。

（二）城乡协同性原则

目前,城乡在诸多方面的差距依然很大。在职业教育的发展方面,也呈现出较大的城乡差距。从我国社会和谐发展的实践诉求来看,城乡职业教育协同发展是实现我国经济社会和谐发展和全面建设小康社会的必然要求。作为职业教育系统的两个子系统,城乡职业教育虽然在发展环境、教育内容等方面存在不同,但作为同属于职业教育系统的两个组成部分,既有不同,也有相通之处,各自还独具自身优势。城乡职业教育之间应通过加强沟通与合作,相互取长补短,从而构建更为科学的现代职业教育体系。

（三）县域性原则

在我国,农村本就是一个行政区划的概念,农村地区指的是县及县以下的地区。农村职业教育与地方社会经济发展联系最为紧密,经济社会环节是农村职业教育健康发育的现实土壤。我国不同区域社会经济发展存在较大差异,即便是同一个区域,不同县域的经济异质性和差距都很大,这就导致不同县域农村职业教育发展的规模、层次、水平存在较大差距。因此,应根据地方社会经济发展需要和尊重职业教育发展的历史和现状,构建出反映县域发展特色的现代农村职业教育体系。

三、构建现代农村职业教育体系的依据

（一）构建现代农村职业教育体系的理论依据

职业教育体系的建构需要理论指导。人才结构理论、终身教育理论、人力资本理论等,是指导我国现行职业教育体系构建的重要理论依据,如表 5-2 所示:

表 5-2　指导我国现行职业教育体系构建的重要理论依据

重要理论依据	具体阐述
人才结构理论	现代人才结构应由不同系列、不同层次的人才按比例组合而成。不同性质的工作岗位有不同系列的人才结构。依照人才结构理论,职业教育体系也应该是多种层次(由初级到高级),各成序列(各类人员由低到高自成序列),又相互可以沟通的系统。目前,我国农村人力资源总量不足和人力资本存量不足同时并存;低学历、低技能素养、低就业能力、传统农民多,高学历、高技能素养、高就业能力、现代职业农民、创业型人才缺少,这些方面构成了我国当前农村人才结构的基本现状。农村职业教育体系构建时必须要依托这一现实,在功能定位、层次、类型结构上进行合理规划
终身教育理论	教育体系的构建必须要适应人们终身教育的需要。从教育的对象来看,农村职业教育彰显着"有教无类"的现代教育理念,从学龄期到老年期,从职业前到职业中再到职业转换,都可以随时进入职业教育机构接受教育;从功能定位和教育内容来看,从教育教学组织形式来看,农村职业教育无不具有多样性和丰富性特征。从性质来看,农村职业教育从其一产生就与终身教育理论具有内在逻辑的一致性。农村职业教育体系的构建需要基于特定时代、特定区域的实际情况进行科学构建
人力资本理论	人力资本即是附着在个体身体的知识、技能和能力。由于这些知识、技能与能力能够影响个体的未来职业和报酬,因此,也被看作一种比传统资本更重要的新型资本。美国经济学家舒尔茨通过分析发达国家和发展中国家经济发展道路,发现两者的主要不同在于对人力资本的投资是否足够重视。在现代社会,教育被看作是一种导致经济增长的主要投资活动。因此,大力发展职业教育,建立完善的职业教育体系,应理解为现代国家对国民的一种人力资本投资,这种投资将对国家发展、民族振兴具有战略意义

（二）构建现代农村职业教育体系的现实依据

构建现代农村职业教育体系的现实依据主要包括以下几方面：

1. 农村社会经济建设的现实需要

在我国全面推进小康社会建设、农村"四化"同步发展、土地流转制度实施、精准扶贫战略实施、新型职业农民培育、返乡创业农民工等时代背景下，我国农村经济社会正在经历由传统农村社会向现代农村社会过渡的深刻变革。在这样一种时代背景下，现代农村职业教育的功能作用如何重新定位以及体系结构如何重构都是农村职业教育改革的重要领域。

2. 我国农村的人力资源和人力资本的现状

伴随着我国改革开放的进程，我国农村人力资源大量涌向城市，这直接导致了农村人力资源的总量不足，直接影响了我国"四化"的步伐。农村人力资源总量不足、人力资本不足同时并存。作为面向"三农"服务的农村职业教育，必须面对农村人力资源的现实，进行体系的优化和完善。具体来说，应做到以下几方面：

（1）要构建完善面向涉农产业的职业培训体系。农村经济建设的核心关键词是"农"字，要围绕农业产业做文章，构建起面向涉农产业相关的职业培训系统。

（2）应致力构建主要面向农村人口的职业学校教育体系。农村的现代化建设需要大量懂得现代农业生产和农村经济社会建设的农村人口，需要从青少年的教育做起，构建未来农村经济社会建设的人力资本库。

（3）要构建以农村职业教育功能和内容为主体的农村社区学院。农村社区学院是构建农村终身教育体系的重要组成部分，具有提升农村人口学历和基本素养、职业教育与培训、丰富农村文化氛围等多重功能。

四、现代农村职业教育体系构建的助推机制

（一）现代农村职业教育体系构建的分区推进机制

适应我国各地区农村社会经济发展新形势的现代农村职业教育体系，应具有区域特色。

一方面，我国现行的农村职业教育体系在形成过程中已经表现出一定的区域性特征。我国现代农村职业教育体系的构建，应尊重各地区的实际情况，尊重其历史和现实基础。

另一方面，职业教育发展与区域经济社会发展存在内在的密切联系，不同区域社会经济发展对区域农村职业教育发展有不同的诉求。在我国现代农村职业教育体系的构建过程中，应充分发挥地方主体性，鼓励各地结合自身特点和需求，有重点、有针对性地探索区域职业教育发展的特殊性和规律，形成区域农村职业教育体系的特色。

（二）不同层次农村职业学校的有效衔接机制

1.改革面向农村中职学校的招生机制

主要是通过调整高职院校对口单招农村中职的生源比例，从而提升农村中职的吸引力。我国部分地区应根据自身实际情况，积极尝试扩大农村职教对口招生比例，这既有利于中高等职业教育的有效衔接，又有利于拓宽农村中职生的深造路径，提高农村职业学校的吸引力，构建现代农村职业教育体系。

2.建立不同层次农村职业学校之间的教育资源共享机制

由于历史的原因，农村职业学校总体数量不够，因此，不同层次职业院校之间，在教育资源能力和功能定位上也各有不同，不同层次农村职业院校之间应发挥各自的优势来补足各自的短板，从而实现教育资源的

最大化利用。在这方面,高层次院校更应发挥其主动意识和积极作用。

(三)探索形成农村高等职业教育体系

主要是以中等职业学校教育为主体,多数农村地区仍没有高等职业院校。因此,应该积极鼓励探索专科以上学历层次的农村职业教育。具体可以从以下几方面着手:

第一,可在条件较好的地区独立设置高等职业院校,实现农村职业教育体系初、中、高三级体系的完整性。

第二,可以通过农村中职与城市高职合作办学的方式,开辟农村高等职业教育的探索试点工作。

(四)建立不同类型农村职业教育的有效融通机制

农村普通职业学校、农村成人职业学校和农村职业教育和培训机构等不同类型的职业教育机构,具有各自的功能定位和各自的资源优势,应做好不同类型职业教育之间的交融与合作,尤其是要建立农村职业学校教育和职业培训机构之间的深度、长期合作机制。

(五)大力发展农村职业教育和培训事业

相对于发展农村职业学校教育而言,致力发展农村职业教育和培训不仅更具可行性,而且更加具有时效性和针对性,这主要表现在以下几方面。

第一,表现在功能定位和服务面向方面,不同于职业学校有相对稳定的专业,职业培训的服务面向更加灵活,可以随时根据市场的需求迅速做出调整。

第二,表现在服务的时效性方面。职业培训能及时地根据农村经济社会需求迅速做出调整和反应,并以短、平、快的特点实现对接。

第三,表现在办学机制方面。职业培训的办学机制更为灵活,能通过市场机制迅速地将培训项目、培训资源、培训实效三者实现对接。因此,要大力发展农村职业教育和培训教育。

（六）建立有助于现代农村职业教育发展的服务支撑体系

无论是基于历史"农村服务城市"的历史原因，抑或是农村经济社会发展在我国经济社会发展中的弱势地位和弱势现状，都需要政府在农村发展中发挥出"主体责任"，体现出"主体作用"。因此，应在国家和地方政府层面建立相应层级的农村职业教育事业发展和体系建设的相关领导机构。这种领导机构应由政府、行业（企业）、社会组织和教育机构代表等共同组成，分别负责整体设计和统筹规划国家和区域现代农村职业教育体系的构建与发展。

（七）建立企业深度参与现代农村职业教育办学机制

农村职业教育从其功能定位来看，主要是面向农村经济、农业领域、现代职业农民提供教育服务，旨在通过提升农村人口职业素养实现为"三农"服务的价值。在教育教学过程中，农村职业教育机构则需要面向农村社会开放，通过下田地、进企业、进基地、进农场等现场教学组织形式，才能实现"实用"技能目标。应该将涉农企业、现代农场、农村新兴经济体等的职业教育与培训纳入现代职业教自体系建设的范畴，企业自办培训与参与职业培训工作成为现代农村职业教育体系构建的重要内容。

参考文献

[1] 马建富,陈春霞,吕莉敏 . 乡村振兴与农村职业教育变革 [M]. 北京：知识产权出版社,2020.

[2] 李守福 . 农村职业教育 [M]. 北京：北京师范大学出版社,1996.

[3] 刘解军 . 中国教育创新与特色学校建设理论与实践(上)[M]. 北京：光明日报出版社,2003.

[4] 贺祖斌,林春逸,肖富群,等 . 广西乡村振兴战略与实践 教育卷 [M]. 桂林：广西师范大学出版社,2019.

[5] 雷世平 . 新农村建设与农村职业教育创新研究 [M]. 长沙：湖南科学技术出版社,2008.

[6] 彭志源 . 中华人民共和国中外合作办学条例实施手册 上 [M]. 北京：清华同方电子出版社,2003.

[7] 孙绵涛 . 教育政策论：具有中国特色的社会主义教育政策研究 [M]. 武汉：华中师范大学出版社,2002.

[8] 郑小波,包平 . "三农"教育发展研究报告 [M]. 北京：中国农业出版社,2006.

[9] 朱启臻 . 中国农民职业技术教育研究 [M]. 北京：中国农业出版社,2003.

[10] 王昆,周慧,张纯荣 . 乡村振兴之路 [M]. 北京：北京邮电大学出版社,2018.

[11] 朱德全 . 职业教育统筹发展论 [M]. 北京：科学出版社,2016.

[12] 聂劲松 . 中国农职业教育改革回顾与展望 [M]. 北京：中国经济出版社,2006.

[13] 罗政清 . 乡镇领导干部学习贯彻十七大精神创建和谐乡镇、文明乡镇、小康乡镇推进社会主义新农村建设辅导读本 第 3 卷 [M]. 中国党校出版社,2007.

[14] 王钟健 . 新疆新农村建设 乡风文明 [M]. 乌鲁木齐：新疆美术摄影出版社；乌鲁木齐：新疆电子音像出版社,2009.

[15] 翁贞林 . 新型农民培育的理论与实践研究 [M]. 北京：中国农业出版社,2006.

[16] 黄育云,等 . 农村职业教育与农业产业化、农村城镇化、农村现代化互动研究 [M]. 北京：中国农业出版社,2005.

[17] 马建富. 职业教育学 第 2 版 [M]. 上海：华东师范大学出版社，2017.

[18] 赵鹏程. 农村职业教育与农村经济发展互动研究：基于四川农村的调查 [M]. 北京：人民出版社，2010.

[19] 尹成杰. 实施乡村振兴战略推进新时代农业农村现代化 [M]. 北京：中国农业出版社，2018.

[20] 王红霞. 文化扶贫与乡村振兴 [M]. 哈尔滨：黑龙江教育出版社，2018.

[21] 黄育云，熊高仲，张继华. 职业技术教育在中国 [M]. 成都：电子科技大学出版社，2004.

[22] 张继华，邱永成，郑学全. 现代职业教育与经济社会发展研究 [M]. 成都：四川出版集团；成都：四川人民出版社，2008.

[23] 张力跃. 受教育者视界中的农村职业教育困境与破解 [M]. 天津：天津大学出版社，2011.

[24] 廖其发. 中国农村教育问题研究 [M]. 成都：四川教育出版社，2006.

[25] 马庆发，赵军，张雪丽. 中国职业教育研究新进展 2010[M]. 上海：华东师范大学出版社，2012.

[26] 马戎，龙山. 中国农村教育问题研究 [M]. 福州：福建教育出版社，2000.

[27] 钱民辉. 教育社会学 现代性的思考与建构 [M]. 北京：北京大学出版社，2004.

[28] 李少元. 农村教育论 新世纪版 [M]. 南京：江苏教育出版社，2000.

[29] 唐智彬. 新型城镇化进程中农村职业教育发展的理论与模式 [M]. 长沙：湖南师范大学出版社，2019.

[30] 中国教育学会教育学研究会，纪芝信，汤海涛. 职业技术教育学 [M]. 福州：福建教育出版社，1995.

[31] 石伟平，臧志军，李鹏. 中国职业教育发展报告 [M]. 上海：华东师范大学出版社，2019.

[32] 赵家骥，杨东. 农村教育的困境与出路 [M]. 成都：四川教育出版社，1994.

[33] 马庆发. 中国职业教育研究新进展 2008[M]. 上海：华东师范

大学出版社,2010.

[34] 陈春霞,王云清.城乡职业教育发展共同体建构:组织框架及运行机制 [J]. 职业技术教育,2021.

[35] 马建富.乡村振兴背景下城乡融合职业教育体制机制的建构 [J]. 江苏教育,2021.

[36] 马建富,郭耿玉.乡村振兴战略背景下农村职业教育培训的功能定位及支持策略 [J]. 职教论坛,2018.

[37] 施丽红,朱德全.和谐共生:职业教育城乡统筹发展体制与机制研究 [J]. 高等教育研究,2012.

[38] 孙晓玲.现代治理视野下的城乡职业教育一体化发展 [J]. 教育与职业,2015.

[39] 廖彩荣,陈美球.乡村振兴战略的理论逻辑、科学内涵与实现路径 [J]. 农林经济管理学报,2017.

[40] 马建富.基于农民人力资源能力建设的职业教育应对策略 [J]. 职教通讯,2006.

[41] 刘艳婷.农村实用人才教育培训分析:评人才振兴:构建满足乡村振兴需要的人才体系 [J]. 中国教育学刊,2020.

[42] 刘艳婷.延安时期马克思主义中国化理论实践及贡献 [J]. 山西财经大学学报,2020.

[43] 刘艳婷.专业特色创新人才培养需理论与实践相结合 [J]. 中国教育学刊,2021.

[44] 刘艳婷.深刻阐述做好新发展阶段"三农"工作的重大问题 [J]. 中国果树,2022.

[45] 韩丹丹.论陈云的从严治理党员队伍思想 [J]. 上海党史与党建,2015.

[46] 韩丹丹.陈云关于社会主义经济探索的研究 [J]. 世纪桥,2021.